烟台市胶东文化研究会
鲁东大学胶东文化研究中心 **系列图书**

图说烟台

(1935–1936)

[英] 阿美德(A.G.Ahmed)著
陈海涛　刘惠琴　译注

齊魯書社

原著内容提要

这是一本内容详实、包括了烟台这座城市各个方面,特别是对于从事商业活动的人士来说,所必需的一部参考书,通过图片和文字,包括对其中一些重要人物生平、主要商行、社会机构等的介绍,从而描述了烟台,以及山东省,近些年来逐渐显现出的繁荣和发展。

本书由阿美德(A. G. Ahmed)搜集、整理、编辑、印刷。

1936年出版,版权所有(包括各种译本)。

PICTORIAL CHEFOO

1935 – 1936

A · G · Ahmed

作者前言

▶ 本书作者:阿美德(A. G. Ahmed)

有一个现象是很值得怀疑的,那就是,在过去的历史中,是否还有过什么时候,世界对中国以及中国人的密切关注和浓厚兴趣能超过现在。对于西方世界来讲,已经开始的这种状况,将可能一直持续到现在还不可预见的将来某个时期。把整个中国简单笼统地,看作是完全一致的和一成不变的认识的时代,已经成为了过去,并且很可能不会再出现。来理解这个国家最好的办法,就是分别的来研究某个省或者某个城市的细节。每一个中国的地理区域都有它自己鲜明的特点,基于前面的原因,这本《图说烟台 1935—1936》才有它出版的必要。这部书得以编辑出版,远远不是我一个人的功劳,本人从居住于这座城市的众多外国侨民和本地居民中,得到了大量有价值的建议和帮助,他们提供的这些丰富的、生动的、有价值的信息和资料,成为这部书的重要内容。但本人也并没有完全照录他们的所有叙述,而是根据自己的判断,对一些没有价值的信息进行了筛选和剔除。

本人对中国曾进行过广泛的游历,对中国语言、民俗,以及民族特点等进行了广泛的了解,在这一过程中,本人对烟台居民的善良、当地自然景色的优美、气候条件和社会环境的优越等方面,都留下了深刻的印象,这些优势,在中国,还没有发现有其他什么地方能比得上烟台。

这本书的主要目的,就是为了记录这些美好的记忆,向世界介绍烟台作为商业和工业中心的繁荣,以及它自己日益增长的重要性,还有作为一个滨海避暑旅游胜地,生活于这里的居民很容易在这美丽的、健康的环境中享受到的一切。

本人希望在这里,能对给予了我极大帮助的那些在烟台生活的外国侨民和中国居民，表达自己深深的感谢，正是得益于他们的帮助，才能使这本《图说烟台 1935—1936》得以出版，特别感谢烟台的中国商会和外国公会（the Chefoo Foreign and Chinese Chambers of Commerce）的工作人员，为了保证所记录信息的准确，他们在本书出版之前，审阅了全书的内容。

在本书编辑过程中，一些具有丰富内容和珍贵价值的材料，也来源于美国驻华商务参赞（领事）安立德（Julean Arnold）先生的贸易报告、由瑞·弗斯（Rev Forsvthe）先生所编著的《山东》，以及由考默克利克出版社（Comacrib Press）[1]和米林顿（Millington）公司所出版的有关贸易手册。

兹将本书献给我的父亲，达维士·阿美德（Dervesh Abmed）先生，他在定居上海生活60年之后，于1927年10月4日在上海去世。

① 三十年代美商在上海设立的出版社。

MULU 目录

目 录

图说烟台

图版目录

图说烟台

图说烟台

▶ 烟台远瞰:领事馆和商业区

▶ 烟台远瞰:文化、教育和宗教区

▶ 烟台远瞰:居民区

▶ 从空中俯瞰烟台

第一章　历史概览

烟台，在中国，人们通常也称其为芝罘（Chefoo），其名称来源于附近一个称为“芝罘”的小村庄，这个村庄位于港口旁边的悬崖之上。这座城市的对外开埠，始于公元1862年3月，当时是《天津条约》签订四年之后。在此之前，这个地方还一直是个小渔村，然而现在，这里已经建立了英国、美国、日本等国家的领事馆、几百家国外贸易公司，并生活着众多在中国内地会所创办的学校读书的外国孩子，这些元素，都使得这里充满国际化的气氛。

外国侨民主要居住在烟台的东山和南山上，因为这些地方的环境非常适合于生活居住。所谓的使馆区其实就是城市的商业区，而西山，当地也称为庙山、毓璜顶（其山顶上有座玉皇庙），是美国长老会传教士在烟台的总部。在这些地点之间和周围的地区，则是人口稠密的当地中国人的居民区。

登州，离烟台有60公里，是最初被辟为对外开埠口岸的地方，但是其港口条件不是很好，因此就改由烟台来代替。实际上，登州海关印章一直是由烟台海关在各种文件上所使用，直到1904年，根据中英《马凯条约》（Mackay Treaty）中的规定[①]，登州海关才被撤销。

烟台港是山东第二大港口，山东，则是中国东部的一个省，其名称，中文的意思是“山的东面”，也是中国所崇敬的伟大教育家、圣人孔子（B. C. 551 – B. C. 479）的老家。

就气候条件而言，烟台港是中国条件最好的港口之一。酷暑、寒冬等恶劣天

① 中英《马凯条约》，即《中英续议通商行船条约》，在1902年，由中英双方在上海签订，主要内容是英国政府要求清政府取消厘金，为此，英国同意增加货物的进出口税以弥补清政府因裁厘而造成的财政损失。因为参加这次谈判的英国首席代表是马凯（James Lyle Markay），因此，也将《中英续议通商行船条约》称为《马凯条约》。

气与这里无缘。这里的气温，虽然在盛夏也有较高的时候，冬天也有冷的时候，但是夏天气候并不潮湿，而在冬天，在明媚灿烂的阳光照耀和温暖的空气吹拂下，也不会让人感到特别寒冷。在这里，全年温度变化从最高华氏104.4度到最低5.4度，湿度则从88%到53%，然而上面所列的极端最高和最低温度天气却是很少发生的，一般来说，在通常情况下，烟台的夏天平均气温是华氏98度，冬天平均气温是华氏15度。

烟台的降雨量平均每年为26.17英寸，75%的降雨发生在夏天。四季变化分明，气候温和规律，以致这里的人们能够非常熟练地预测当地气候的变化，毕竟温和的气候也是人们所希望的。

从每年的5月到9月，总有大量的游客从上海、天津、北京以及其他地方来这里避暑，实际上，很长时间以来，这里也是美国的亚洲舰队（the American Asiatic Fleet）在夏天的避暑基地，这也说明，烟台的气候也被美国海军当局认为具有不可替代的优势。每年随着舰队的到来，这里的外国人口就从通常的不足1000人而急剧上升到4000人左右。

这里拥有长长的金色沙滩，其中点缀着一些高高低低的平房，山峦延绵，山谷幽静，这些都使得烟台成为一个理想的度假胜地。绅士们在这里可以找到大量的机会来尽情享受各种娱乐，充分满足他们的各种要求，还可以体验这里优美的生活环境。

烟台山（意思是有一个狼烟墩台的小山）是突出于海中的一座小山，也是烟台最早的外国侨民居住区，但是随着外国人口的剧增，外国人居住区开始由此向东面延伸。在烟台，不像在中国其他一些在条约中规定的开埠城市，从来没有一个正式的外国租界地或者领事馆区。外国人居住区域的市政机构，最初是由一个被称为“外事公会”（a Foreign General Purpose Committee）的机构所承担，后来这个机构被改组为国际委员会（International Committee），国际委员会由六个中国人和六个外国人所组成。在国际委员会的组织领导下，在此后的几年中，先后在外国侨民居住区修建了一些平坦的马路，上面铺设了柏油，架设了照明电灯，安装了必要的卫生设施。

烟台周边的景色非常优美，事实上，在从烟台到登州的沿途，都是一些平缓的小山丘和谷地，美丽的景色，不时映入眼帘。要说遗憾的话，在山东的风景中最大的不足就是缺少树木，山岭的轮廓线虽然也非常优美，但相对于南方，特别是日本等地山区茂密的树林，显得就有些荒凉和贫瘠。

▶ 倪维思博士

烟台特别以其盛产品种丰富的水果闻名于世，尤其是在夏天，是中国重要的水果产区之一，所产水果销售到全国很多地区。倪维思博士(John Livingston Nevius)，是一位在中国服务了四十多年的传教士，就是他，最早将一批西方水果引种到烟台，例如特拉华(Delaware)、黛安娜(Diana)、甜水白葡萄(Sweetwater)、汉堡红大粒葡萄(Black Hamburg)和麝香葡萄(Muscat)、水梨(Bartlett)，以及一些品种的梨、苹果和李子。

在烟台居住的中国人口大约在13万人左右，一律都是典型的中国北方人特点，相比于中国的南方人，烟台人性格直爽，但观念守旧。当地的语言也是带有北方口音的中国官话，很少有人能懂英语，尽管英语是在进行对外贸易过程中，在各口岸最通用的语言。

就大部分当地的中国居民来讲，生活水平是非常低的，而对于更低经济阶层来讲，生活压力尤其严峻。据估计，这一地区超过50%的财富已经掌握在10%的人口手中，这一特点，也是与西方国家的发展趋势相一致的。

下面的这一段话，是节录自一位原执教于设在这里的中国内地会学校(the China Inland Mission School)的老师的回忆。在多年前，为了追忆他的那些朋友和学生，他曾记录了这些往事：

“当然，记录这个关于烟台的故事，其主要的目的，是为了告诉那些直到现在还没有听说过我们这些人所经历过的快乐的人。那么现在，那些喜欢在坚固干净的马路(相比较而言)上行走，在黑暗的深夜能使用电灯的人，至少应该知道，在烟台这个地方，这些东西也只是在四十年前才出现的。虽然现在整洁的北马路已经从市区一直延伸到了我们的使馆区，甚至还有第二条大道被称为二马路，但是，这些地区在更早一些时期，也就还只是一些比铁轨宽不了多少的乡间小道，蜿蜒在麦田、磨房和高粱地之间。当然，在这些地区的交通，当时主要还得依靠双腿。现在在烟台我们所熟悉的动力车，那时还没有出现。如果不想很狼狈地步行，或者不想太辛苦，或者因为年龄太大，外国侨民在外出办事或购物时，就必须要雇一辆或者自己去买一辆人力车。花几百块钱，就可以雇到两个仆人，对大部分人来说就是这个价格。学校的男孩子和女孩子们平时如果去市区采购用品，或者去联合教堂（Union Church）做礼拜，都必须要经过艰难跋涉，穿过恕我冒昧称之为羊肠小道的小路。如果天气晴好，这当然不算什么，但如果遇上夏天暴雨过后，或者冬天大雪之后，走在这样的路上当然是苦不堪言。"

"如果有人想逃避一些世间的烦恼，试图沿着海边散心漫步，海岸边也常常充满坎坷，特别在雨后，如果有人想到达目的地而还能保持有一双干鞋，那几乎是不可能的。在夏天的几个月里，在女校，我记得校工准备有一块木板，这是用来在雨天放在难以通过的路上让那些女孩子通过的，而在男校，那些男孩子们就只能自己想办法了。"

"在那难忘的过去，在一些主要的道路上，晚上会挂上一些发着微弱亮光的油灯，特别在一些刮大风的时候，这是好让行人最大可能地找到他要前往的道路。当然，他也可以自己带一个由当地中国人自己制作的灯笼。"

"几年前，当中国内地会刚刚创立，烟台就成为一个重要的基地，差会人数不断壮大，于是学校建立起来了，学生的数目也在不断增加，特别是在此地建立起一个在夏天供中国内地会传教士修养的疗养院之后，传教士们的前来更是络绎不绝。他们一般都是乘轮船而来，轮船先是停在离海岸较远的地方，等着中国船工用小船把他们及其货物从大船上接下来，然后送到最近的海关检查站。甚至有时候，还需要中国船工把他们背下来，对于女士们来讲，这当然是件非常尴尬的事情。"

"在那时，各个国家在这里都有自己的邮局系统，我们的邮件，可以通过各种方式邮寄，有时是贴着俄国邮票，有时又贴着法国邮票，也可能是德国邮票，当然还有可能是英国邮票等等。让我来告诉你，在 35 到 40 年之前，我们主要是怎么得到自己的邮件的：当时的英国领事特别关照来自英国的邮件，我们中国内地会传教团的邮件通常都是由我们自己的邮差给带到学校的。"

"在 1900 年前后，当时正值义和团运动爆发，许多在内地的外国侨民和中国基督教徒被杀，烟台也至少有一周时间气氛紧张，人心浮动。当时已经发生了一起外国侨民被山东义和团众杀死的事件，而周围当地人的心态如何，我们也不是非常确定。我们烟台中国内地会学校自备的船只也已经准备就绪，随时准备出发避难，学校的学生也早已经把必须要携带的东西都装在枕头套中，准备随时出发。"

在烟台历史上，曾经发生过几件大事，有必要在这里专门予以介绍：

1869 年，淘金潮。由于对黄金的狂热，极度地夸大了对烟台周边地区所发现金矿价值的判断。巨大的希望换来的却是失望。在当时，采矿一度被认为是非法的，大规模的骚乱随时都可能发生。

1876年，中英《烟台条约》签订①。烟台港口的特殊地位，通过在此地签订

▶ 1915年6月6日，国际委员会组成人员合影

▶ 1874年法国海军建造的登陆码头，准备在占领烟台时使用

① 1875年，英国一支200多人的武装"探路队"由英国驻华使馆翻译马嘉理带领，从缅甸强行侵入中国云南，在与当地居民发生冲突后，马嘉理被杀。英国以此为借口，强迫清政府签订了丧权辱国的中英《烟台条约》。在条约中，英国人得到进入中国西南边境"游历、探路"的权力。条约还规定，他们如果由中国内陆经西藏前往印度，清政府需通知驻藏大臣协助通行。

的这一条约予以确立。这一事件的起因源自英国官员在中国云南被杀事件。事件后来由中国清政府北洋大臣李鸿章和英国公使威·妥玛爵士(Sir Thomas Wack)所签订的这一条约得以解决。有关中国和西方各国之间的一些重要关系问题,也在当时得以确定。

1911年,一种称为"腹股沟淋巴结"的瘟疫流行。对这一种流行病的恐惧到处蔓延,在中国居民中发生了大量死亡病例报告,两位勇敢的法国天主教修女,也因为传染这一致命疾病而不治身亡。发生在1911年的这次瘟疫,是自烟台开埠以来历史上的第一次。

▶ 25年前的烟台,从西南山岗远看烟台,左边就是毓璜顶

▶ 30年前的烟台,请注意有大量的缫丝厂分布在各处,正前方的荒地现在已经被宽宽的马路所代替

第二章 行政机构

地方行政机构

现在,烟台当地的最高行政管理长官叫张奎文,是山东省政府烟台特区特派行政专员兼公安局长,他是河北省吴桥县人①,50 岁左右,毕业于河南军官学校。毕业之后,追随冯玉祥将军,在冯玉祥军队中曾担任上校。退伍之后,他成为设在天津大沽附近的国有造船厂主管。后来,他又成为负责连接北京和武汉之间京汉铁路安全的铁路警察局局长。再后来,随着陇海铁路修建,他改任陇海铁路警察局局长。在来到烟台之前,他是济南警察厅厅长。他于 1931 年到达烟台,最初只担任警察局长,在 1934 年又被任命为烟台特区特派行政专员,成为烟台地方最高行政长官。他已经结婚,并有两个孩子。

▶ 烟台特区专员兼公安局长:张奎文先生

目前,烟台地区也正处于大发展的时期。突出的表现是:几乎完全的肃清了土匪,降低了土地税,城市道路建设得到发展,与此同时,烟台在山东省的重要地位也得到了认可和体现。目前,把以烟台港口为中心的这片地区,升格成为一个“特区”,并且由省政府直接进行管理,就是很好的说明②。最后的这一变化,导

① 地方文献中,多称其为河北南宫县人。

② 1934 年 1 月,国民党山东省政府设立省辖烟台特别行政区,成立烟台特别行政区专员公署,自此,烟台脱离福山县,独立建制。

致了一个结果，那就是根据最新的周边地区纪录，这一地区的人口将达到20万人的规模。此外，市区还完成了一些必要的市政改造，比如拓宽了马路，建立了附属的公共公园，建立了城市供水系统等等，逐渐开始对当地优越的自然条件加以合理利用。这一美好的前景，以及在当时的从（伪）“满洲国”流入的中国资本，导致围绕港口地区的城市的扩展和建筑的增加，也促使了这一地区财富的增长。这些有利的条件被进一步加强，归功于当地优良的水果出产、重要出口土特产具有优势的价格、当地居民因为以上因素所增长的购买力，以及在“满洲国”作工的当地劳工不断增长的往烟台汇款数额等等这些因素，这最后一点，原因在于不断增长的去那里的季节性移民。

目前，山东全省大约有5000公里的道路交通里程，连接了全部109个县，构建现代化交通系统，也正是山东省政府道路建设计划的最终目标。

烟台的城市管理系统，其中的原则，是对外国公司和私人居民都有所兼顾，在1930年之前，这些工作都是由一个称为国际委员会的机构所管理，那时就任命了一位市长来执行城市管理权利。但在同一年的晚些时候，这个制度又被中央政府所废止，主要是考虑到港口的人口数量当时还少于20万。这是在当时要建立一个特别市的基本要求。自此以后，公安局（the Public Safety Bureau）就担负起了相当于市政府的责任，比如养护道路、公共卫生等。

现在，不管是地方政府，还是公安局，都是由张奎文先生领导，他有一个官方头衔，即烟台特区行政专员公署专员，也就是这里的最高行政长官。他全权负责掌管所有的当地政府部门，但要除去当地法院，当地法院是由设在济南的山东省政府直接管理的。当地政府由五个主要部门组成，它们的名称是：总局（警察局）、内务局、个人调查局、卫生局和监察局。外事处刚刚在去年才建立，是内务局的一部分。

▶ 烟台特区行政专员公署（烟台公安局）

烟台地区的司法机构是由两部分所组成的，即地方法院和刑事法院。地方法院，主要处理民事案件；刑事法院，主要处理刑事案件；无论刑事案件还是民事案件，如果对当地法院判决不服，要提起上诉，就需要前往设在济南的高等法院，或者也可以去设在福山县的地方法院。

烟台的警察力量，是由 72 名警官和 500 名警员所组成，被分成为 5 个区。在夏天的几个月里，为满足需要，警察数量一般都会通过招募临时人员的方式而增加。此外，还有一个侦察局，其中人员也经过良好训练，能够很好地完成他们的职责。有意思的是，中国传统的长剑，也是现在烟台当地警察的防卫装备之一。虽然长剑在这儿被警察使用已经有三年的历史，但现在还是给人一种沧桑的历史色彩，因为这种武器在中国，已经使用有几千年了。

▶ 烟台公安局主要负责人合影

▶ 一队烟台警察

卫生局的职责比较复杂，除去它比较清楚的职责外，它还有查禁鸦片毒品买卖、治愈那些瘾君子的职责，为了完成好这一特殊的职责，在烟台西部的海岸边设立有一个鸦片戒烟所。在这，鸦片烟成瘾者被强迫进行戒烟，在他们完全戒断之前不允许离开。

对于中国人口中的穷人阶层，这个卫生局还在海岸路开办了一所医院，在那儿看病不收取费用，除非一些非常昂贵的治疗。

在1927年,当基督教青年会(YMCA)提倡在公共人群中接种水痘疫苗以来,这一做法在烟台就得到了很好的推广。通过广泛的宣传,水痘疫苗的注射工作取得了很大成功,有相当多数量的人员注射了疫苗。

消防局成立于1913年,在当时,只有一台水泵,在张奎文先生即现在的最高行政长官主政烟台以后,消防设备得到了很大的提升,才达到了图片中所看到的现在的水平。尽管如此,虽然消防队员都很敬业,但是其装备依然已经落后,也已经无法满足烟台市区日益增长的对消防的要求。更加不幸的是,由于缺乏现代化的供水设施,为消防工作增加了很大难度。

▶ 消防局人员及其装备

设立于公安局之下的健康部成立于1924年,其职责是对中国医生进行培训和考试,在它的努力之下,无行医资格的中国医生数目正在大量减少。1927年,更是在每一个警察管理区都设立了一个健康站,负责对当地的公共卫生进行管理,这一举措极大地改善了当地的卫生医疗状况。此外,为了对饭店、澡堂等这些行业加强管理,还出台了一系列的规章制度,但这些规章制度的落实效果还需要耐心地拭目以待。

不像中国的其他一些城市,烟台可以毫不谦虚地说,拥有一座非常正规的监狱。它被称为山东第二模范监狱,建立于1917年,在1929年的内战中遭到非常严重的毁坏,以至当时所有犯人都逃跑了。后来监狱得到重建,现在可以容纳500名犯人。这些犯人都可以受到某些技能培训,以便在他们出狱后,可以从事相关职业得以谋生。其中的工业技术训练包括制鞋、编织花边、木工、印刷、纺织,以及别的一些手艺。从1929年到1935年,监狱的纯收入就达到了19684.34墨洋,犯人们则根据各自不同的产量可以获得一定的报酬。

▶ 山东第二模范监狱大门

田荆华①,51 岁,湖南桃源人,现任山东第二模范监狱典狱长,曾任北京政府司法部狱备司司长,在河北省也从事过同样的职业,他在监狱管理方面长期的经验,使得他对山东第二模范监狱的管理无疑得心应手,成绩显著。他于 1933 年 1 月 6 日被任命为现职。在此前的不长时间里,还分别担任过山东省和河北省的一些地方法官。

▶ 山东第二模范监狱典狱长田荆华先生

在以前,对于当地政府机关所雇用人员的薪酬问题,一直是一个比较让人头疼的问题,特别在 1923 年,最长时间他们有七个月没有领到薪金。但这一现象,现在在当地中国商会的帮助下已经彻底解决。根据协议,中国商会支付当地政府机构的一切费用,其来源通过所设立的一个委员会收税解决,这个委员会由 5 名成员组成,其中两名从政府机构(公安局)中产生,三名从商会中产生。这一制度得到山东省政府认可后,从 1923 年开始实行,在多年的施行过程中,得到关联各方的满意并一直运作良好。

教育问题,也得到了当地政府足够的重视和关注,已经设立了六所免费学校专门接收穷人子弟入学。此外,还有一个学制一年的警察训练学校,从这所学校

① 田荆华,在《上海市志》2002 年第 6 期《漕河泾监狱典狱长小传》中有传,与本文记载大体一致,但在任职时间上与本文稍有差别。

毕业的学生,一旦警察局出现空缺,就可以进入警察局工作。

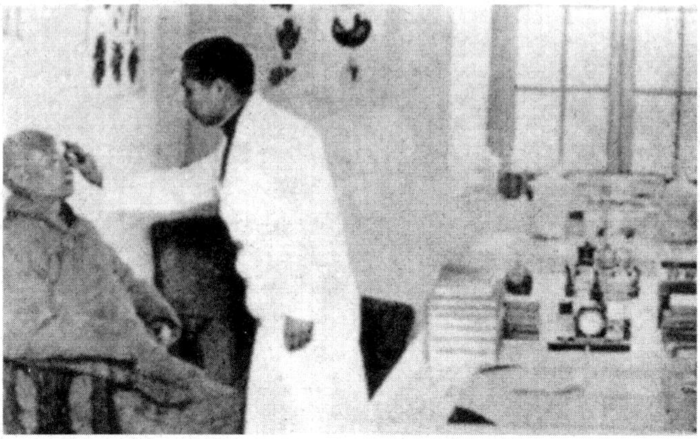

▶ 山东第二模范监狱的一名犯人正在进行体检

现在,当地政府当局还有一个宏大的城市建设计划,例如修建码头、铺设马路、在东山建立饭店、再建五个公园、拓宽芝罘路等等,烟台的重要地位,也已经开始引起南京中央政府的重视,很有希望,南京政府会逐步意识到烟台越来越重要的地位,从而推动和支持这些项目的实施。

美国领事馆

美国在烟台设立外交机构,开始于 1864 年 8 月 1 日,在当时,是一位美国传教士被任命为副领事,但其后,其外交事务主要由驻檀香山领事馆负责,有些时候,连外交官都可能是非美国公民担任。直到 1873 年 3 月 20 日,依照美国设在天津的领事馆所拥有的权限,美国在此设立了正式外交领事机构,这一现象才得以结束。在 1896 年 8 月 20 日,这一办事机构正式升格成为领事馆,在 1904 年 2 月 4 日,它又升格为总领馆。1909 年 7 月 1 日,它又被重新降格为领事馆,直到现在。

现任美国驻烟台领事帕克森(John Hall Paxion)先生,1899 年 7 月 28 日出生于美国伊利洛斯州盖尔斯堡(Galesburg)。他在上海的美国学校完成了他的初等教育,毕业之后,他返回美国,在菲利普—安德沃(Philiips Andover)学院继续深造,并于 1922 年在耶鲁大学获得学士学位,后来,他又在英国剑桥大学的麦格达伦(Magdalene)学院、法国巴黎的政治学学院(L'Ecole Liber des Sciences Politiques,1934 年期间)学习,在 1918 年,他还曾应征加入美国军队,此后,还做过法文科技书籍的翻译、教师等。他进入外交界始于1925年3月,在当年的9月,他就被任命为美国驻南京副领事,1929年又成为驻北京翻译官,1932年3月被任命为驻广州领事,1934年11月被任命为驻烟台领事。已婚。

▶ 美国驻烟台领事馆职员合影

▶ 美国驻烟台领事馆官邸

▶ 美国驻烟台领事帕克森先生

▶ 美国阵亡将士纪念日的祈祷仪式①

英国领事馆

在1858年签订的《天津条约》中，其中有一条就规定，登州府的港口对外开

① 阵亡将士纪念日(Memorial Day)是美国大多数州都要纪念的节日。美国南北战争中，无数将士在战火中阵亡。战争结束，南部许多家庭开始祭奠战争中阵亡的将士。他们不分南北双方，在春天向双方死者的墓地都奉献鲜花，北方人为此深受感动，将这一举动视为民族团结的象征。1868年，5月30日这一天被正式批准为向为保卫祖国而英勇牺牲的士兵们敬献鲜花的日子。1971年以后，为保证联邦雇员都能享有这一休息日，许多州将它改在5月的最后一个星期一。

放,允许外国商人在此从事贸易和生活居住。根据此协议,在此后不久,英国政府就在此地建立了外交领事机构。领事馆要担负港口开放的使命,为此,马礼逊(Morrison)先生专程从天津远道而来,具体负责筹备此事[①]。在马礼逊到达登州后,认为登州府驻地港口不适宜发展,就决定将开埠口岸下移至烟台,并在烟台建立了这一地区的第一个领事馆。此后,美国领事馆在1864年、日本领事馆在1876年也相继建成。

英国领事馆坐落在烟台山上,1867年在购买了一座称为龙王庙的小庙的土地之后,曾经扩建,当时占地面积约有三亩。此后,随着不断的扩建,领事馆的占地面积不断扩大,直到现在,按照中国人的传统测量单位,已经达到了64亩。成为在烟台的各国领事馆中规模最大的一座。

英国驻烟台领事馆的负责区域也扩展到登州府,东至牟平,西到莱州府。

现任英国驻烟台领事馆领事为奥登(A. G. N. Ogden)先生,曾荣获英国政府的最高奖——大英帝国荣誉勋章(O. B. E.),1933年12月就任。

▶ 英国领事馆官邸

日本领事馆

日本领事馆设立于1876年5月16日,最初由乔治·迈克兰(George F. Me-Lean)设立,并担任荣誉领事。1880年5月,他的职责移交至日本驻天津领事

① 根据《天津条约》,登州(今蓬莱)被强辟为商埠。时任英国驻天津领事的马礼逊,在考察了登州后,以登州港口水浅为由,将开埠口岸改为烟台。另外,在马礼逊到烟台之前,烟台已被法国军队占领,此事对马礼逊选择在烟台开埠通商,产生重要影响。此后,马礼逊成为首任英国驻烟台领事馆领事,为此,还把烟台山上新建的第一条道路命名为马礼逊路。

馆。1883 年 11 月,东次郎(Jiro Higashi)先生被任命为日本驻烟台领事馆领事。因为中日甲午战争爆发,日本领事馆于 1894 年 8 月 4 日关闭,直到第二年 8 月 3 日才重新开馆。

自从日本驻烟台领事馆第一次设立以来,在不同的时间至少有 35 名领事在此工作过,在他们中间,曾产生了一些杰出人物,有日本外相、驻土耳其大使、议员等。

日本驻烟台领事馆大楼建于 1901 年,位于领事山(烟台山)的西北面,面对烟台市区,有一个很好的视野。

▶ 日本领事馆职员合影

▶ 东炮台陈列的大炮

▶ 日本驻烟台领事馆官邸

▶ 日本驻烟台领事馆领事山坂正二郎

现任日本国驻烟台领事馆领事山坂正二郎（Seijiro Yamasaka）先生[1]，1880年出生于日本高知县（Kochi），他1904年毕业于上海东吴大学。毕业之后，他参加日本军队，作为中文翻译，在日俄战争期间在中国东北服务。此后，又在日本驻朝鲜总督府工作。1909年进入外交界，先是在朝鲜半岛，1914年又转到营口，1918年被任命为日本驻齐齐哈尔领事馆副领事，1921年担任齐齐哈尔领事馆领事，1923年回到日本休假，1924年被任命为日本驻加拿大渥太华领事馆领事，1925年任命为日本驻张家口（Kalgan）领事馆领事，1931年被任命为驻满洲里领事，1934年被任命为现职驻烟台领事。对于他值得称赞的服务得到日本

① 根据直译，应为山坂正二郎，但烟台地方史料中找不到与此人对应材料，但据出版于1937年的《烟台概览》记载，当时的烟台日本领事为田中，并介绍他已在此职位工作20余年。在1940年出版的《烟台大观》中记载，当时领事为长冈半六。不知此处是否为作者笔误。

国政府的高度表彰，曾被授予瑞宝（the Sacred Treasure）勋章和旭日（the Rising Sun）勋章。已婚，有一个孩子。

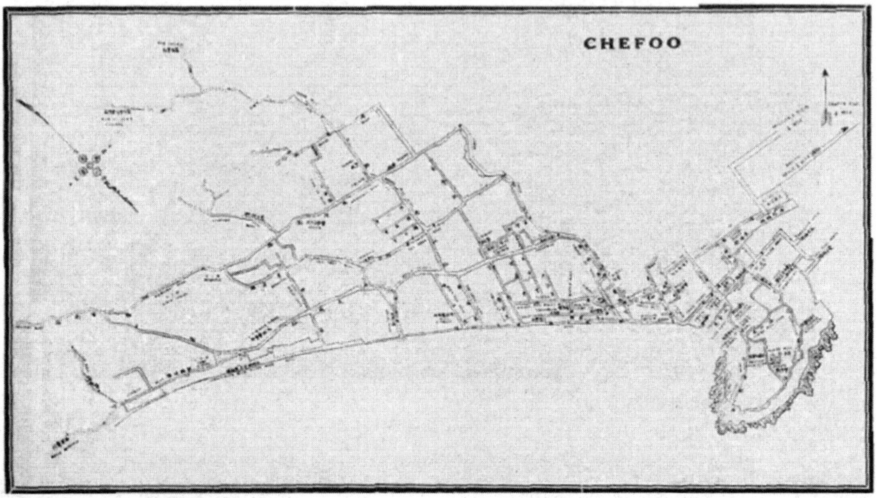

▶ 烟台地图

东海关

1958 年签订的《天津条约》导致了一个结果，即 1862 年 3 月烟台开埠，允许进行对外贸易，在此之后就设立了烟台海关，也称为东海关①。

随着（伪）“满洲国”（正式称之为满洲）的建立，东海关加大了对从例如自由港大连前往烟台港口走私的打击力度，由于大连从海路和烟台非常邻近，大约只有十个小时航程，之间的走私活动现在非常猖獗，从而也导致走私成为东海关非常关注的问题。海关税收因为这种非法走私活动受到很大影响，因此也采取了一系列能够想到的办法来阻止走私现象的发生。在这一目的下，有 5 艘新的海关缉私艇最近刚刚装备到东海关。这些巡逻艇取得了很大成就，几乎每一天都能看到他们押着一队走私船回来（走私货物主要是人造丝和糖）。为了使这些打击措施更加方便，去年，东海关还在烟台的塔山安装了一座无线电发射站，以便为不同的海关检查站之间提供更加快速的通信联系。

① 所谓“东海关”，就是“山东海关”，因晚清大臣奏章和皇帝廷寄（即批文），常把山东省简称“东省”或“东境”，故有此名。

▶ 海关防波堤和仓库

▶ 塔山无线电发射站

东海关还有两个下属的分海关区，即龙口分关和威海卫分关，此外还有 20 个海关检查站，分布在山东省的这一区域。这些海关检查站成立大都只有 3 到 4 年，其目的在于防止和打击走私，特别是当地日益猖獗的毒品走私。

在海关打击走私活动中所没收充公的货物，东海关每周都组织一些拍卖活动，参加竞拍的买主大多是中国商人。这种拍卖活动在某些方面和通常的拍卖活动是不一样的。除非在特殊情况下，这些被没收充公的货物，有时候甚至每一宗就有 200 到 300 种种类不同的货物，都被整体打成一批出售，参加拍卖活动的商人按规定,最少必须要以同等货物在市场上售价的80%出价,当然,在市场上是不可能用这一价格从中国商人手中买到这些东西的。很容易理解,这种拍卖活动进行的方式在具体操作过程中,并不是完全一致的,在不同的海关检查站,这种对所没收走私货物的拍卖形式,是不可能完全一样的。

▶ 东海关所举行的拍卖会

现任东海关总监周秀文先生,44岁,安徽省人,日本明治(Meiji)大学政治学系毕业,曾经就任中央政府内政部部门主任、内阁秘书、财政部税务局局长助理、财政部顾问、参议院议员、宪法起草委员会成员等职务。1932年,他被任命为东海关总监,以及与此配套的烟台海坝工程会主席、烟台丝业改良会主席等①。后来,上调北京参加港口交通会议,之后,被任命为条约修订委员会成员、山东省政府顾问、山东财政委员会副主席、山东民生银行执行委员会成员、第二次全国财政会议代表等。1935年8月,周秀文先生被再次任命为东海关总监、烟台海坝工程会主席和烟台丝业改良会主席。

▶ 东海关总监周秀文

① 烟台丝业改良会成立于1920年左右,也称"芝罘万国蚕丝改良会"(The Chefoo International Commission for Silk improvement),是民国初期我国北方唯一的一所柞丝业改良与研究机构,中外合办,下设5个分场,每年向农民分发柞蚕种约5—6万枚,历年成绩,颇有可观。除防治柞蚕微粒子病毒外,该会还研究山东地质,创办了蚕桑学校、缫丝试验所、蚕桑实验场等,其规模之大,在中国当时堪称首屈一指。

烟台海坝工程会

第一次正式提出成立烟台海坝工程会(也称为烟台港改造委员会,the Chefoo Harbour Improvement Commission)的建议,是由烟台当地的外国领事协会向在北京的外交公使团,于1912年8月23日提出的。在报告中建议,这个委员会的组成人员,应该包括烟台的中国地方官员、领事协会的代表、海关管理总监、外国公会会长、中国商会会长等。

在这多年来,港口改造的要求被商人们多次强烈呼吁,也被政府机构所允许。相邻近的港口,由于有良好的设施,又得到各自当地政府的大力支持,正在表现出越来越明显的区域优势,因此,对于像烟台这样一个有较长历史的港口,中国政府不得不开始考虑,如果要阻止港口的继续衰落,必须要采取一些措施。

在烟台及其内陆地区居住的居民,可以说,包括各个社会阶层和各种国籍的人们都极其迫切地,也是心甘情愿地在力所能及能够承受的范围捐钱交税来支持为港口建设一个防波堤,但是外国领事协会则坚持中国政府应该承担一部分的费用。在经过合情合理的可以接受的谈判之后,政府方面答应提供每年不少于10万两白银的费用。其中的一半由省政府支付,另一半由中央政府支付。

1913年5月21日,烟台海坝工程会在当时的东海关总监王潜刚先生的主持下,召开了第一次会议。在这次会议上,决定开始运作筹资,规定从同年7月1日开始,对某些特殊商品征收附加税、从价税和向船舶征收港口使用税,并罗列了一系列的具体税率清单。

▶ 烟台海坝工程会成员合影

1915 年 2 月，中央政府同意了这个计划，授权海坝工程会开始实施港口改造计划。招标工作立即开始，最后由荷兰阿姆斯特丹港口工程公司（荷兰治港公司）以 267.7 万两白银的价格中标，并签订了合同。没有竞标成功的企业分别报价为 234 万两白银（烟台公司）、307 万两白银（香港公司）、323.5 万两白银（上海公司）。

勘查和设计工作不久后开始，在海坝工程会长期努力的工作之下，最终使得港口为船舶停泊、装卸货物提供了更多的安全与方便，直到现在，烟台港口众多设施的改良和功能的提升，在很大程度上，都得益于当时的这一工程。

烟台丝业改良会

现在烟台丝绸生产和贸易的高质量和专业化，在一定程度上，归功于当时设立的烟台丝业改良委员会，以及同时设立的烟台蚕丝专科学校的不懈努力和卓越工作。

这个委员会成立于 1920 年 3 月，主要得益于苏丹（A. H. Sugden）先生的工作。当时，苏丹还是东海关的一位高级职员，在 1919 年，他向政府提出应该成立这样一个专业机构，几乎马上就得到了政府的支持①。

丝业改良会和学校的工作，主要集中在如何运用科学方法，在烟台的南部地区，改进这一非常悠久的中国养蚕、缫丝的方法和技术。在多年以前，烟台的南部地区就以所产蚕茧质量优良而远近闻名，其质量远远优于在河南和满洲南部地区出产的产品。但由于当地蚕农的保守和观念落后，长期固守传统方法养蚕，使得这些蚕在饲养过程中经常因得病而死亡，而当地蚕农对如何预防又没有任何知识，因此这一地区的蚕茧产量一年低于一年。最后，烟台当地的缫丝企业反而不得不从东北南部地区收购蚕茧，来缫丝和制造丝绸。苏丹先生的计划，就是建议通过政府支持来克服这些困难，幸运的是，政府接受了他的建议。相应的，烟台丝业改良会在 1920 年 3 月正式挂牌成立后，其主席一直由烟台的东海关总监担任，海关高级职员和长期在烟台从事商业活动的商人为成员。

第一个由丝业改良会决定的工作计划，就是聘请专家来实地进行科研工作，随后，在烟台南山成立了现在的烟台蚕丝专科学校，使学员能够获得一个

① 目前烟台文史资料，多记录烟台蚕丝专科学校成立于 1922 年。

系统的知识，学会运用科学的方法来养蚕。经过这里培训的学员，在他们的实际工作中所取得的成绩，极大地证明了烟台蚕丝专科学校的成就，同时通过他们的广泛宣传，许多内陆地区的蚕农也逐渐掌握了这些科学技术。蚕丝专科学校位于南山的北山坡上，占地约有50.5英亩。学校内部设施先进，功能齐全，比如拥有玻璃房、养蚕房、缫丝房、展示馆、研究室、实验室、宿舍等等。在其所拥有的最大一片土地上，长满了美丽的桑树和柞树。学校所处的位置和设施对于其开展的研究工作，都是非常理想的，事实上，也的确取得了很好的成绩。

▶ 烟台蚕丝专科学校的教职员工合影

为了鼓励烟台南部地区蚕农扩大他们的养蚕规模，改良会从浙江省买了53000株柞树苗，免费发放给当地蚕农。先后大约有25000英亩荒地被开垦出来，种上了这些柞树苗。改良会还曾经给饲养桑蚕的栖霞县捐助了一些桑树幼苗，以及大量的蚕种。

为了鼓励和促进丝绸产业的发展，有5个这样的培训机构散布在附近宁海（牟平）县、栖霞县、文登县的广大农村，这些机构指导学员养蚕的科学方法，也逐渐改善和提高了丝织品的质量。每一个这样的学校，都有几乎320英亩的占地面积。

为了进一步提高丝绸织造和柞蚕蚕丝的质量，丝业改良会在1932年还举办了一个丝织和漂染学习班。改良会从杭州买回来了一些最新的木制织造机，同时，一名在法国学习过织造和漂染技术的专家，也被委员会邀请到烟台，给学员们讲课指导关于织造、染色、漂白，以及生产流程的知识。

王嘉猷先生，曾任烟台东海关总监，去世于 1935 年 7 月，其担任烟台丝业改良会主席一直到 1928 年。在 1926 年，克努伯(G. H. Kruper)先生代替苏丹先生成为技术专家，在此后的几年期间，克努伯先生也是烟台蚕丝专科学校的校长。

▶ 前任烟台丝业改良会主席王嘉猷先生

▶ 烟台蚕丝专科学校校长克努伯先生

第三章 贸易和工业

烟台是中国土特产和工业产品重要的出口中心之一，例如：大花生、柞蚕茧、生丝、发网、水果、刺绣、花边、海产品、真丝废丝、粉丝、钟表、草辫等等。

烟台海关直接对外贸易总价值（不包括间接对外贸易中的沿岸运输），以三年为一个周期，具体数据如下：

货币单位：中国元

时间	进口	出口	总值
1932	5,635,691	13,210,134	18,845,825
1933	7,583,498	10,338,576	17,922,074
1934	9,658,946	7,854,952	17,513,898

进口货物品种，主要有：高丽参、人造纤维、丝线、纱线、木材、面粉、亚麻布、燃油、煤油、煤炭、白糖、大米、罐头食品，以及其他各种食品、布料、五金、钢铁制品、旧轮胎、旧报纸、卫生用品、汽车及其配件。

除了针对国外的出口贸易，烟台与其他中国港口城市之间的相互贸易往来规模也非常巨大。其中，自然也包括大量通过上海和天津两座城市而完成的间接对外贸易。下面这一张表，就可以清楚地反映出烟台这座港口城市对外贸易的规模，它表明了在1932年至1934年间，烟台港的总的进出口贸易情况：

单位：中国元

时间	进口（国内贸易和国外贸易总和）	出口（国内贸易和国外贸易总和）	总值
1932	26,671,048	22,535,865	49,206,913
1933	27,646,481	26,151,777	53,798,258
1934	31,367,449	21,121,791	52,489,240

外国商品进口关税变化从5%到80%，出口关税从5%到7.5%，并且，所有从烟台出口或进口的商品，都必须支付所报关货物价值3%—8%的防波堤附加税。作为一个暂时的措施，现在烟台港和其他中国港口一样，对所有进口和出口货物，执行征收总价值10%的附加税政策。对生产于烟台的几乎所有的工业产品的出口税，出口后都退回，并且对其他烟台的出口公司，其税率也有很大程度的优惠。

汇丰银行(the Hong Kong and Shanghai Banking Corporation)是这个港口城市唯一的一家外资银行，但是外币兑换业务，中国银行和交通银行也可办理。这两家银行是半政府性质的机构。这三家银行，满足了烟台因不断发展的贸易所要求的现代金融支持。

对当地居民来说，从事农业生产是最主要的谋求生计的方式，其次是渔业，也占有重要地位。农民所拥有的土地通常是很少的，一般情况下不足一英亩。主要的农作物是玉米、小麦、花生、小米、各种豆类、甜薯、大麦和高粱。山东东部地区是中国最主要的水果产区之一，盛产苹果、梨、桃、葡萄、樱桃和草莓，并且产量都相当大。养殖、园艺业也有非常重要的地位，低矮的柞树林种植了很大的面积，这是用来饲养柞蚕用的。在(伪)"满洲国"建立之前，成千上万的烟台劳工经常来往于东北的大连和其他一些地方，但是现在，由于日本当局的限制，从事这一活动的人数已经大大不如以前。但即使这样，直到今天，每天依然有轮船满载着这些劳工前往那些对他们充满吸引的地方。虽然没有明确的时间能够预测他们的迁徙周期，但无疑这种迁徙多多少少是有季节性的。比如，没有例外的是，这些劳工总要想尽一切办法，哪怕历尽千辛万苦，也要在中国农历的春节之前，赶回他们的家乡，参加各种活动。

下面一段话，是节录自烟台东海关监管会1934年的工作报告，所涉及内容是对烟台港贸易现状的一个分析调研：

"在战争状态结束之后，更多的基础设施得到建设和完善。在过去的一年中，可喜地看到，一些计划中的城市设施得到增加和改造。正如在同年1月，在济南，已经有一个公园对公众正式开放，而在烟台，一个在南山地区的造林计划也已经展开，其目的是最终也能使其成为一个市民公园。城区的人行道也已经拓宽，还有个计划，准备在市区以及围绕市区建立碎石公路。除去这些已经开始操作的公共工程，还要在海边修建风景优美、环境舒适的度假胜地，许多个人也热衷投资于此，到处显现出的这些持续的建设高潮，体现出在总体上，这个港口依然保持着繁荣昌盛。但以下一些统计数字，却没有立竿见影地显示出，这些现象对促进这一地区对外贸易发展上的过多积极影响，虽然这一地区的某些土特产品的出口依然保持了良好的成绩。统计数据显示，烟台港今年直接从海外报关进口的商品总值是970万美元，在去年这一数字是760万美元；在附近沿岸地区，所报关进口的中国货物今年是2170万美元，去年是2010万美元。而直接从烟台港报关出口至国外的货物总值今年只有790万美元，去年这一数字还是1030万美元，同样，附近沿岸地区的出口货物今年是1330万美元，去年是1580万美元。对外贸易的总价值，统计数字显示降低了19%，可见的对内贸易顺差达到13%，净结果在总量上港口贸易还是稍有降低，这一点海关纪录是非常清楚的。可以明显看到，这个术语“可见顺差”被用到进口贸易中。这个术语被建议采纳，是因为非法走私贸易的规模和程度不可能得到准确估计。被大家所认可的事实是，非法走私贸易的价值总额，仅仅有据可查的就已经超过了对外进口贸易（970万美元）的数额，其中包括不超过200万美元价值的被海关所查扣的非法进口货物，这些罚没货物最终也成为海关关税的一部分，其总额大约占到了港口全年关税总值的1/3。无疑，烟台地区特殊的地理位置，以及绵长复杂的海岸线，使得这一地区成为特别具有吸引力的走私活动的乐园。以上所引用的统计数据，清楚地反映了走私对关税的影响，因此，强有力的打击措施现在也正在实施。就合法的海外进口而言，可以说，实际上日本人基本上垄断了进入当地市场的棉花贸易，然而，在7月份关税没有降低之前，几乎很少是合法进口的。对于当地刺绣业所使用的亚麻布的进口，几乎翻了一番，英国和比利时是最主要的供应国。也有少量的人造纤维通过海关合法进口，在登记申报的36.8万公斤总量中，主要是罚没货物。同样的现象也出现在白糖上，在190万公斤的货物中大部分也是被没收的。另外还可以注意到，统计显示进口货物中很重要的一个增长数据是液体燃料的增长，特别是汽油、煤油，以及除去水泥以外的各种建筑材料。而在出口的土特产中，有良好表现的则是发网，计有60万打出口到海外，主要是出口到德国、美国、法国、英国等；抽纱产品，直接的海外出口虽然有所降低，但是附近沿岸地区的出口（其中的大部分最终也出口到海外）则几乎翻了一番；十字编织和花边产品，其需求主要在美国，以及相对新近开辟的市场，如奥地利、海峡殖民地①、缅甸，比以前有更迫切的需求；而在荷兰以及东印度地区，花边、

① 指英国过去在马六甲海峡沿岸的殖民地，包括新加坡、槟榔屿、马六甲和附近岛屿。

绒绣等找到了巨大的销售市场，这一现象也出现在包括澳大利亚、南非等所新开辟的海外市场中；府绸制品，对于海外贸易和国内贸易，据统计也增长了大约15%。水果收成不好，出口自然相对降低，面粉业的表现也令人失望，然而，对于最为重要的大花生贸易，在将近年底时得到满意的恢复，价格也有合理提高，只是数量有点微微降低。”

对于在烟台地区从事出口贸易的各家商行的出口商品情况，可以从以下一组对比数字中看出点变化：

品　种	时间 / 单位	1931 年	1932 年	1933 年	1934 年
府　绸	担	9,343	7,447	5,680	6,505
花　边	米	1,270,080	888,245	1,230,906	1,592,551
抽　纱	米	1,459,897	970,589	464,668	575,368
发　网	打	529,598	592,107	584,323	608,895
花生(带壳)	担	227,154	186,568	294,854	232,459
花生仁	担	140,330	162,652	188,691	202,456

烟台港出口的主要商品(一)

(海外贸易)

时　间 / 品　种	1933		1934	
	数量	价值(美元)	数量	价值(美元)
猪肠衣	734	131,840	693	126,113
鲜苹果	17,558	144,042	13,489	125,147
中药材	—	144,479	—	69,477
花生油	4,206	139,667	3,534	116,303
花生(带壳)	58,772	1,769,658	108,044	1,077,781
花生仁	32,235	482,658	19,839	266,320
杏　仁	2,566	101,721	306	12,373
啤酒、红酒、白酒	935	6,047	1,321	8,517
面　粉	35,932	1,199,641	26,367	786,121

续表

品种＼时间	1933		1934	
	数量	价值(美元)	数量	价值(美元)
真丝废丝	1,610	64,947	1,067	34,278
生丝、野蚕丝	39	34,256	—	—
抽　纱	—	171,669	—	52,850
花　边	—	354,279	—	514,962
刺　绣	127	137,877	172	187,577
花边绒绣	—	739,529	—	745,329
粗草辫	394	66,514	294	51,625
精草辫	1,594	581,871	488	140,829
丝绸布料	7	11,095	—	996
特色丝绸	405	468,937	34	40,664
山东府绸	1,755	1,677,442	2,027	1,730,885
杂色草辫	37	11,003	9	2,339
白色草辫	41	15,619	30	13,527
金丝草帽	12	72	2,633	6,138
麦草帽	17,381	4,368	31,438	5,804
发　网	568,729	833,152	600,352	852,424
精　盐	—	—	—	—
海产品	11,208	154,930	2,112	222,185

烟台港出口的主要商品(二)

(国内贸易)

品种＼时间	1933		1934	
	数量	价值(美元)	数量	价值(美元)
猪肠衣	184	19,645	175	32,477
鲜苹果	68,249	341,194	—	—

续表

品种 \ 时间	1933		1934	
	数量	价值(美元)	数量	价值(美元)
中药材	—	92,846	—	62,318
花生油	71,346	1,491,736	40,575	1,333,676
花生(带壳)	32,332	209,139	32,551	326,642
花生仁	135,692	1,197,147	102,605	1,359,282
杏　仁	639	15,108	269	9,292
啤酒、红酒、酒精	76,059	234,631	52,225	163,896
面　粉	96,555	1,836,296	51,680	1,629,781
真丝废丝	1,223	38,924	1,130	51,929
生丝、野蚕丝	—	—	—	—
抽　纱	—	292,999	—	522,511
花　边	—	267,489	—	361,667
刺　绣	12	18,040	17	16,835
花边、绒绣	—	491,636	—	847,229
粗草辫	—	—	—	—
精草辫	—	—	—	—
丝绸布料	—	—	—	—
特色丝绸	—	—	—	—
山东府绸	2,771	1,497,471	1,907	1,522,494
杂色草辫	31	8,325	32	12,800
白色草辫	51	24,401	40	16,000
金丝草帽	21,492	53,143	33,825	62,721
麦草帽	3,708	898	1,356	436
发　网	15,624	33,497	8,543	18,456
精　盐	418,536	1,741,646	167,287	1,292,416
海产品	106,041	2,101,050	70,038	1,772,739

烟台海关关税收入(表一)

(以中国元为单位)

项目＼时间	1933	1934
进口关税	1,520,200.67	2,727,558.00
出口关税	244,251.79	131,116.00
进港税	403,888.28	377,863.00
吨位税	45,166.44	
附加税	87,275.02	143,473.48
洪灾救灾附加税	87,279.33	143,473.48

烟台海关关税收入(表二)

(以中国元为单位)

时间	关税
1928年	589,769.86
1929年	951,201.10
1930年	1,151,789.83
1931年	2,488,994.14
1932年	1,531,028.09
1933年	2,388,061.53

烟台港海外贸易总值

(以中国元为单位)

项目＼时间	1932	1933	1934
进口	5,635,691	7,564,765	9,654,555
出口	13,210,136	10,338,576	7,854,951
总计	18,845,827	17,903,341	17,509,507

烟台港转口贸易总值

（中国产品，以中国元为单位）

项目＼时间	1933	1934
进口	20,062,983	21,708,502
出口	13,342,389	13,266,849
再次出口	2,470,812	—

烟台外国公会

在整个中国各地，成立外国公会的目的，多多少少都是共同的。这些组织在他们所代表的商业领域中，大多已经掌握了大量资源，拥有相当大的影响，在烟台当然也没有例外，这一现象也是非常明显的。

烟台外国公会（Chefoo Foreign Chamber of Commerce）成立于1907年，是由爱克弗得（V. R. Eckford）先生倡导成立的，并由他担任首任会长，直到1917年。在此之后，他还再次短期担任过这一职位。现在的烟台外国公会会长是罗拔·马茂兰先生（D. F. R. Mcmullan）。

烟台外国公会成立的最主要目的，是为了推动现在已完工的港口防波堤的建设。在最初，这个计划并没有得到领事馆方面的全部一致的支持，美国领事约翰·弗勒（John Fowler）先生就是当时唯一持反对意见者。尽管如此，这一项目依然得到商界和其他社会各阶层的全力支持。在1913年，瑞立德（van Lidt de Jeude）先生被授权制订计划，1914年这一计划申报至北京，1915年2月最终得到北京方面的正式批准。开挖工作在1915年8月开始，一直到1922年，防波堤工程才全部完工，整个工程一直在烟台港口改造委员会（烟台海坝工程会）的监督和管理之下进行，这个委员会的主席就是前任的政府官员。

大量的财富能够汇聚于烟台及其周边地区，很大程度上，应该归功于烟台外国公会的作用。现在港口的防波堤、挡浪坝等设施，其中都或多或少有外国公会的支持和贡献，而且近来对所有工业产品出口税的降低、对出口企业进口原料的关税的客观下降等，都代表着外国公会做出的卓越成绩，都有外国公会在其中的直接作用。

自从外国公会成立之后，一直非常关心涉及烟台对外贸易发展的各项关键问题，现在，它已经在社会上有了自己重要的影响，逐渐成为在这一港口城市一个重要的外国商人，甚至也包括其他一些人利益的代表。

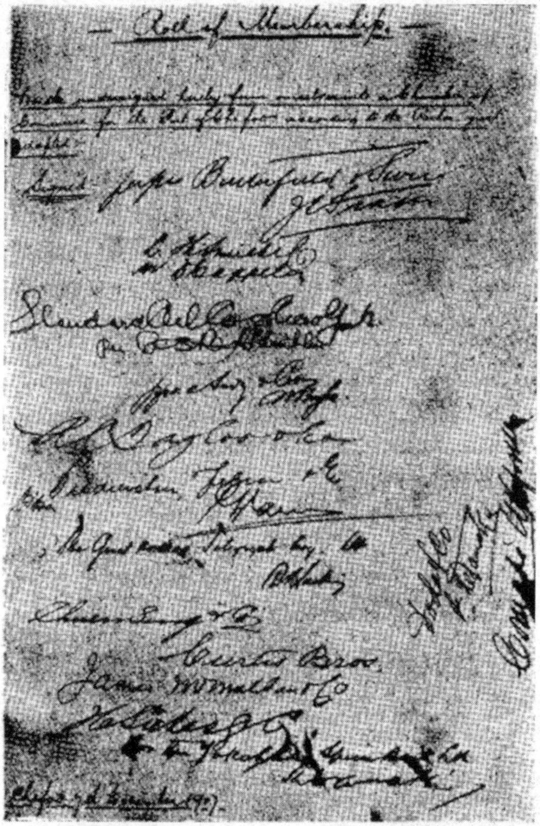

▶ 这份文件标志着烟台外国公会的正式成立

中国总商会

中国总商会(Chinese General Chamber of Commerce)，是中国商人自己的行业组织，而关于中国商人的组织机构，要想客观描述和定义，是比较困难的。他们的章程和某些特殊规定，常常会给调查者一个误导和错觉。中国人自己的商会组织和外国人商会有很大的不同，商会这一组织在中国还是近些年才出现的新生事物。在中国要成立一个商会，必须要向省政府的农商部长官申请，并且要保证得到他的批准。此外，商会领导的选举、任命、辞呈的接收、章程的修改和通过，都必须得到农商部的同意和支持。因此，在实际操作上，中国的商会近似是一个准政府机构。在某种程度上，中国商会是一个中国商人和商业管理者的联合体,虽然在商会中其会员资格并没有什么限制。非常有意思的是,在中国的商会组织中,政府官员、专业技术人员、新闻编辑记者是不允许参加的。中国商会是一个中介,负责沟通政府部门和商业阶层。政府所能提供的支持就是制定一些有强制力的政策和规定来保护商人的利益,而商会也要支持政府的一些活动。中国的地方法院在遇到老百姓因发生争执而对簿公堂时,常常会向地方商会征询一些意见和建议。对于商业和习惯风俗等方面的信息,地方政府都比较重视,用来不断调整政府与老百姓之间的各种冲突矛盾,商会在这些方面的一些态度和看法,在调整政府和百姓之间关系上有着非常重要的作用。在一些城市中,以烟台为例,商会就参与了当地社会治安等一些政府的职责工作。

很可能,中国商会最有用的功能,或者最主要的作用和能力,就是它所具有的仲裁能力。注重自己名誉的中国人,一般都不愿轻易将他们之间的争执诉诸公堂,寻求法律判决。中国人的商业活动和商业交往,可以看到,更多的是依靠风俗习惯,而不是现代意义上的法律规定。因此,行业协会或商会所组织成立的一些仲裁机构,在中国商人之间的商业交往关系中,在引起冲突争议时,就起到了非常重要的作用。他们是商业活动中习惯法的解释者。在处理这些争议时,是要收取少量费用的,通常的惯例,收取标准是所涉及案值的5%。一般来说,商会在仲裁过程中还是公正合理的,鉴于他们在当地商业领域中的重要地位和影响,其所做出的裁决结果,可以有充分信心来保证被遵照执行。

▶ 烟台中国总商会董事会成员合影

就纯粹的商业角度来考虑,商会的目的就是在商业活动中支持和保护它的成员,以及维护他们的共同利益。商人们之所以急切地要加入商会,并自愿接受其监督、检查和领导，其目的就是想要借此来证明其良好的信誉和可靠的商品质量。商会在这些方面，在它的会员面前扮演了一个公证员的角色，用它带有官府背景的公信力，对某些商业活动提供了担保和保障，甚至可以保证在某些可以接受的条件下，帮助其会员得到贷款。

总体来说，从中国商会中所使用的习惯法这一现象可以明显看出，这一组织实际承担着大量的对当地工商业发展具有重大影响的社会职责。

坐落在北马路的烟台中国总商会成立于1902年。现在它由一个董事会所领导，董事会由15名董事组成，内部分为执行、监察等几个部门。

德国盎斯洋行

烟台的德国盎斯洋行（O. H. ANZ & CO.），成立于1886年，这个公司是烟台最早的外国公司，也是最大的外国公司之一。现在的合作经营者，是巴斯克（M. A. W. Bussc）先生和斯克米德（O. W. Schmidt）先生，他们在烟台定居都已经超过了35年。

德国盎斯洋行在烟台各阶层中有着良好的声誉，每年的营业额有稳固的保证。其主要业务集中在进口、出口、保险代理等领域，同时也参与一些与轮船运输公司的合作业务。长期以来，公司的业务得到稳定发展，同时，盎斯洋行还积极参与当地各类商业活动，为烟台城市发展到今天的规模，做出了很大的贡献。

值得一提的是，这个公司的前任合作者奥托·盎斯（Otto Anz）和基匹克（G. Gippettch）先生，在推动当地柞蚕丝绸的出口方面，起到了市场开拓者的作用。

公司现在的合作者保持了他们前任的传统，并且在公司业务范围上有了更大的发展，特别需要说明的是，正是他们最早将烟台大花生出口至欧洲，并在此后，使烟台成为大花生向欧洲出口的一个重要港口。

▶ 烟台盎斯洋行成立25周年纪念活动，摄于1911年

亚细亚石油公司华北公司

亚细亚石油公司华北公司(Asiatic Petroleum Co.(N. C.) L. td.)正式开业于1898年,属于盎斯洋行(O. H. Anz & Co.)和科内布·爱克弗德公司(Cornabe Eckford & Co.)共同拥有的子公司[①]。从1902年到1916年,公司总部开始派遣代表指导分公司业务。也正是在1916年,亚细亚石油公司华北公司在烟台设立了办事处。但直到1929年,它在烟台的业务活动才正式开始,也就是在这一年,公司设在中国上海的总部决定,将烟台办事处升格为受中国总部直接领导的分公司。

亚细亚石油公司华北公司烟台分公司的业务,主要是经销壳牌汽油,以及壳牌、狮牌等品牌的发动机油,这些品牌的产品是由仁德洋行作为唯一指定代理销售的。此外,在烟台市场还销售银锭牌和皇冠牌煤油,皇冠牌、仙鹤牌、轮船牌蜡烛、燃油,以及壳牌和狮牌级别的润滑油、石蜡等等。位于烟台二道街的顺和福杂货店(商号)是其指定销售商[②]。

▶ 亚细亚石油公司华北公司烟台分公司经理黄先生

亚细亚石油公司华北公司烟台分公司,随着其业务的扩展和知名度的提高,在烟台还设立了两个仓库,一个专门存储燃油,另一个用来存放其他各种各样的产品。

现任亚细亚石油公司华北公司烟台分公司经理黄先生(音译),35岁,已婚,北京人。毕业于北京燕京大学,最早他供职于位于上海的安德森·美耶有限公司(Andesen Meyer & Co. Ltd)。1922年,他在上海加入亚细亚石油公司,同年被公司派往济南,在那里担任分公司经

① 亚细亚石油公司是由原英国壳牌运输和贸易公司和荷兰皇家石油公司业务合并之后在1903年所成立的子公司,在上海设立有亚细亚石油公司华北公司,负责除福建、两广之外的中国市场业务。这些史实与原书内容似乎有很大出入。

② 二道街位于现烟台胜利路北首,东西走向,长只有220米,1926年就修建为水泥路面,建国后,该街并入瀛洲街,1984年北马路扩建,该街拆除,街名注销。

理,一直工作到1933年。黄先生也是一名非常优秀的翻译,在第一次世界大战期间,作为中国劳工部队的翻译,在法国服务了两年半时间。

亚细亚石油公司是英国设在中国的唯一一家燃油公司,它在中国的最主要的两个竞争对手,是美国的美孚石油公司(Standard - Vacuum Oil Co.)和得克萨斯石油公司(Texas Co.)。

▶ 作为一个风俗习惯,中国人的春节庆祝仪式要敲锣打鼓,非常热闹,烟台也不例外

中国银行

中国银行的前身,是清朝政府的大清银行。1911年辛亥革命后,大清银行重组成为国家银行,其名称也重新确定为中国银行。在同满清皇室达成和平协议之后,大清银行资本转移到北京,中国银行因此也将其总部迁至首都北京,同时,也开始逐步在一些商业中心建立了一系列分支机构,开展为政府托收、吸储存款,以及发行纸币、支票等业务。随着国家的统一和政府财政状况的改善,中国银行也进入了其发展的快车道。

不幸的是,在1916年春天,伴随着袁世凯的君主制复辟事件,战祸重起,统一的国家再次陷入分裂。在此年的5月,北京政府出台一个政策,停止了对中国银行所发行支票、纸币的赎回,但是上海支行拒绝执行这一命令,组织了一个股东大会,并且同商业巨头合作,继续为客户汇兑这些以前发行的支票。因此中国银行的信誉得到进一步加强,从而使它的支票使用达到现在更广的范围。

正如中国银行在自己的经历中所反映的事实，作为一个发行银行，避免外界干涉，保证自己的经营自由是非常必要的，因此，在1917年11月，中国银行请求中央政府对当初的中国银行组建联合章程作了一次修订。最终章程得到修改，中国银行共吸收了1000万墨洋作为民间资本，同时决定，中国银行的总经理和副总经理，应该由股东大会所选出的董事会任命。从那时开始，中国银行逐渐向着商业银行，而不是政府财政银行的方向发展，目前，所吸纳的民间资本增长已经超过政府股本。

尽管在近十年来，出现一些不确定因素，社会环境也不稳定，但中国银行的发展还是显而易见的，无疑，1917年对章程的修改对于中国银行的发展起到了至关重要的作用。

自1921年开始，中国银行逐渐增大民间资本的持有比例，将公共股本逐渐民间私有化，总资本已经达到1900万墨洋。在1928年，中国银行总部搬迁至上海，为了适应和满足国际间的汇兑业务，章程得到进一步的修订。其中公共资本增加了500万墨洋，资本总额达到2500万墨洋。副总经理张嘉墩被提拔为总经理①。在1928年3月，中国银行采纳了公共审计制度，以保证对各项业务在选择上更为公平。在1930年，中国银行总经理曾出国调查各国这一体制如何运转，目前，已经取得了相当的进步，包括机构的设立，以及尽最大努力扩大它的商业业务。

在1935年3月，中国银行资本金再次增长至4000万墨洋，政府资本和民间资本基本平分秋色。一些章程也做了修订，董事会组成人员增加至21人，监事会成员达到7人。其中9名董事会成员和3名监事会成员，要由中央政府的国家财政部来任命，其余12位董事会成员和4位监事会成员，由股东选举产生。执行董事也增加到7名，其中包括要由财政部来任命的董事长。根据修订以后的章程，董事长同时兼任首席执行官（CEO），在他的领导之下，总经理负责管理中国银行的日常事务，执行经由董事会通过的决议。宋子文先生现在是中国银行董事会董事长，宋汉章先生为总经理。自从1935年6月以来，总资本500万墨洋的存储部在中国银行也得以成立，这一业务在它的每个网点都能实现。现

① 张嘉墩，民国期间中国金融界的风云人物，他不但是民国时期江浙财团的核心人物，也是新时代潮流中成长起来的中国首批银行家之一，被誉为中国现代银行之父。正是在他的呼吁之下，在1928年，国民党政府重订中国银行条例，特许中国银行为国际汇兑银行，改总裁制为总经理制，自此，直到1935年，张嘉墩出任中国银行总经理。

在,中国银行在中国拥有202个分支机构和办事处,并且中国银行在海外,比如伦敦、大阪(Osaka)等地,都设有自己的分支机构,与世界各主要国家都建立了大量的业务往来。

中国银行烟台分行开业于22年以前,坐落于北大街。在开业之初,其业务几乎完全限于国内业务,但到今天,其业务得到快速发展,所涵盖领域广泛,在烟台地区的银行界中占据了最主要的地位。在烟台商业区,它还拥有最现代化的营业大楼。

▶ 中国银行烟台分行

▶ 中国银行烟台分行营业大厅

最值得注意的是,在中国银行现在的经营政策中,特别注意在整个山东省,用财政支持的方式来缓解农业和工业生产中的困难。发展海外贸易也引起他们的高度重视，在1930年，中国银行就成立了国际业务部，今天，实际上当地从事进出口业务的中国商人，在办理他们的兑换业务时都会选择这家银行。所有的银行所能提供的业务在这里都能实现，同时还可以获得更加便捷高效和客气礼貌的服务。

▶ 中国银行烟台分行职员合影

▶ 中国银行烟台分行总经理徐望之先生

徐望之先生，现任中国银行烟台分行总经理，虽然年龄相对还比较年轻，但他在法律界和经济界已经有了很高的知名度，他是浙江湖州人，毕业于北京大学法律系，获得硕士学位。1922年毕业之后，他在北京法律界从业一段时间，此后放弃专业供职于中央政府财政部，再之后，进入盐税局工作。工作9年之后，他弃官从军，在湖北省担任军事法庭律师。自1932年开始，他来到中国银行烟台分行，担任总经理助理，1934年在他的前任离开之后被任命为总经理。他今年36岁，已婚。

交通银行

交通银行成立于1908年，是在当时清政府邮传部的要求之下，得到清政府的允许成立的。根据当时的成立章程，交通银行是由政府和民间资本共同组成的合资企业，认定的资本金为库币1000万两白银。在其开业之初，业务范围就比较广泛。除了作为一家银行从事银行一般业务以外，它还被授权办理铁路、邮政、电报和航运管理等方面的业务，也被授权可以发行纸币。

交通银行总部也位于北京，随着时代的发展，目前，交通银行在几乎所有主要城市都开辟有分行。在清朝政府被推翻之后，1914年，中央政府再次通过了经交通银行修改的章程，并且授权其可经营范围更加广泛，特许其经营政府债券和国库债券。1928年，中央政府再次通过一个新章程，允许其有特权成立一个工业银行，有效期30年。根据这个新的章程，认定其资本改变为1000万墨洋，其中政府占有20%，其余部分由民间资本认捐。同时，其总部也搬迁至上海，并且在新的董事会领导之下组建了银行管理经营机构。1930年交通银行从财政部又得到了新的授权，允许其建立独立的信托部，1935年其资本金达到2000万墨洋。交通银行是运用现代管理方式的中国历史最悠久的银行之一，它的分支机构遍布整个国家。

▶ 交通银行烟台分行

交通银行烟台分行设立于1910年,除了经营一般银行业务之外,它还被授权发行纸币和代征关税,储蓄部成立于1932年。现在,其业务已经扩展至外币兑换,以及对当地工农业的信贷支持等领域。交通银行烟台分行位于滋大路,因为经营场所狭小,正在寻找合适的地点,准备建造新的营业大楼,以及用来存储抵押物品的仓库等设施。

▶ 交通银行烟台分行职员合影

交通银行烟台分行总经理张富吾先生,出生于江苏省,现年41岁,先后毕业于北京大学和美国哥伦比亚大学,从这两所大学分别获得学士学位和硕士学位,从事银行业已经有25年,最初在江苏省银行做秘书,然后在中国银行的地方分行担任总会计师和执行副总经理、总部巡视检查官等,此后又担任北京吴苏商业储蓄银行总经理、天津中国农工银行总经理。1928年,他进入交通银行天津分行,担任副总经理,此后在1933年又调至上海交通银行总部担任秘书,1934年被任命为烟台分行总经理。张富吾先生与各种类型的中国商业组织长期保持有密切的联系,在商界有很高的威望。

▶ 交通银行烟台分行总经理张富吾先生

▶ 25年前的烟台东海岸

▶ 38年前,从烟台山向东看,芝罘俱乐部、利顺德饭店、盎斯洋行、平民医院等等都可以看到

亿中公司

亿中公司①,是在目前烟台屈指可数的直接与国外进行业务往来的中国公司,创建于1914年。在成立之初,公司业务主要集中在织造和出口发网领域,后来,逐渐扩展到花边和柞蚕丝绸。在过去的十年中,公司进一步将业务扩展至刺

① 在英文原文中,称为"烟台发网公司"(the Chefoo Hair Net Co.)。亿中公司于1914年创办,创办人为孙伯峨,主要从事对英、德、澳等国的出口业务,公司于1941年关闭。

▶ 亿中公司

▶ 亿中公司职员合影

▶ 亿中公司执行董事孙伯峨先生

绣、手帕等领域。他们的出口金额达到大约每年 20 万墨洋，产品主要出口地为英国、德国和澳大利亚。公司有宽敞的车间和仓库，还设立有零售商店，这主要是为每年来烟台的美国海军官兵服务的。在进口货物方面，所进口的爱尔兰亚麻布和纱线，主要是提供给工厂制造桌布、手帕和刺绣制品。公司的上海分公司专门从事头巾、丝绸和花边的出口。公司采取董事会制度，董事会由六人组成，他们都是在当地非常知名的中国商人。

现任亿中公司执行董事孙伯峨先生，被认为是烟台第一个发明人发染色技术，并运用到发网织造中的人。孙伯峨先生早年在烟台益文商业专科学校学习,后来进入济南的齐鲁大学。毕业之后,又成为益文学校的老师,给中国学生教授数学和化学。孙伯峨先生出生于烟台海阳,现年 54 岁,他是亿中公司的创始人之一,并从一开始就是公司的核心领导人。

烟台废丝打包公司

多年来,因为有几百家的缫丝厂坐落在这里,烟台被认为是中国最大的真丝废丝生产中心,但奇怪的是,并没有专门的打包设备将这一产品直接包装出口。

▶ 真丝废丝正在打包

▶ 缫丝房

直到 1925 年,卡尔·施密茨(Carl Schmitz)先生第一次将这一设备引进烟台,并在这建立了烟台废丝打包公司(the Chefoo Silk Waste Press Co. Inc.)。公司的建设耽误了好几年时间,主要是因为海外没有真丝废丝的充足需求,但在过去的三年中，由于羊毛价格的大幅度增长，使得用真丝废丝混合羊毛，再来生产某些等级的布料变得非常有利可图，需求的出现使得真丝废丝变得抢手起来。

随着这一公司在烟台的建立，逐渐有能力满足市场的需求，同时，也成为推动烟台真丝废丝出口的一支重要力量。

道孚洋行

▶ 30 年前的大马路，在其左边的建筑现在依然保存

烟台道孚洋行（C. Dau & CO.）建立于 1929 年，是由四位德国人合作共同创建的，他们是：直接来自德国的卡尔·道（Carl Dau），来自烟台的冯·华敦（Joseph van Hauten），来自济南的柯鲁格（A. Kreuger）和罗奇德（W. E. Lochte）。

▶ 道孚洋行职员合影

▶ 烟台人力车的生意有很强的季节性,在夏天,几乎有几千辆的人力车穿行在各条街道上。这张照片反映的正是这一现象

▶ 烟台港的众多灯塔之一。这一座位于崆峒岛

▶ 一个小石塔,这种石塔在中国已经很少看到了,但是在烟台,它有一个神奇的传说。这座石塔位于烟台东山,被称为"婴儿塔"。这是因为,传说在过去,穷人家的死婴常被丢弃在这儿,以喂狗或狼

卡尔·道先生和冯·华敦先生在中国内地已经生活很多年了,并都开办有生产发网的工厂。卡尔·道先生在潍县(今山东潍坊市)地区呆过很长时间,而冯·华敦先生则主要活动在寿光地区。由于最初都涉足于发网贸易,他们两人在内地曾培养训练了成千的发网编织工人。

但现在,道孚洋行的业务领域已经发生了变化,除去发网生意以外,还从事一些知名保险公司和航运公司的业务代理。公司在济南有一个分支机构,在内陆地区也设立了一些办事处,制造发网和花边。

卡尔·道先生现在也已经不在烟台了,1935 年,在他逗留中国 35 年后,已经从道孚洋行退休。现在烟台的洋行由冯·华敦先生独自经营,他自 1923 年开始就生活在烟台了。

汇丰银行

汇丰银行(Hong Kong & Shanghai Banking Corporation)在其他所有城市的分支机构,也许没有能比在烟台的更有特点。正如从照片中所看到的,作为汇丰银行的烟台总部,它的营业场所是一座中国式的平房。这也许更显示了汇丰银行烟台分行历史的久远,以及与此相一致的,它在烟台客户心目中所树立的良好信誉。

汇丰银行经过 70 年的发展历史,其资本金已经达到 2 万万墨洋,它不仅是远东地区最大和最有实力的银行机构,同时也名列世界银行业前 30 强。它的中文名字"汇丰",也是在中国各阶层中家喻户晓的名词。

汇丰银行烟台分行开办于 1921 年,在此之前,大约有 12 年时间,是由太古洋行(Butterfield & Swire)代理其在烟台的业务。随着烟台港口的发展,汇丰银行决定在烟台设立了自己的分支机构。

▶ 汇丰银行烟台分行

1922 年,俄亚银行(the Russo - Asiatic Bank,前身即华俄道胜银行)烟台分行由于经营不善,遭到停业清算,汇丰银行乘机占据了其在滋大路(Ferguson)的房产,自此以后,汇丰银行的业务开始在那里进行。

在汇丰银行进入烟台地区之前,俄亚银行是这里最重要的银行机构,但是随着后来的停业清算,汇丰银行取而代替了俄亚银行的地位,成为在烟台地区银行界真正具有垄断地位的银行机构。随着以后中国银行烟台支行、交通银行烟台支行等的建立,一些国内贸易业务,必然有一部分的流失。

汇丰银行巨大的无可超越的优势,是其由众多的分支机构和代理处所组成的庞大网络,由此,可以更为方便快捷地为在烟台从事商业活动的中外客商办理各项业务。

岩城商会

烟台日本岩城商会(Iwaki & Co.)的历史可以追溯到 1902 年,在岩城(U. Iwaki)先生 32 岁时,从日本唐津市(Karatsu)来到烟台,准备将公司的煤炭业务扩展到这里。岩城先生首先在烟台朝阳街开设了一个办事处,经过艰苦努力,他成功地占有了当时烟台市场 70% 的煤炭销售份额。

此后,随着青岛港口的不断发展,岩城商会随即决定将其业务扩展至青岛,于是在 1906 年,岩城商会又在青岛设立了办事处。经过 5 年的艰苦努力,青岛办事处的销售额就已经超过了烟台总部,因此,在 1912 年,岩城商会决定将其总部迁至青岛。在同一年,岩城商会还在日本神户(Kobe)、若松(Wakamaisu)和东北旅顺口设立了办事处①。随着其商业机构的扩展和人员的增加,岩城商会逐渐开始涉足客运和杂货运输,公司实力同时也得到增长。在 1913 年,岩城商会收购了 3600 吨级的“瑞穗丸”(Mizubo Maru)、4600 吨级的“催晓丸”(Zuisho Maru)等六条不同吨位的轮船,建立了北中国——香港、烟台——丹东、日本——北中国等多条航线。在同一年,岩城商会在济南也设立了办事处。

1914 年,岩城商会总部从青岛迁至日本神户,1916 年,又在日本大阪设立分公司,到 1917 年,岩城商会资本金达到 1000 万元(其中付清 740 万元),

① 原书中为“亚瑟港”(Port Arthur),但此处并不是指澳大利亚的亚瑟港,而是指大连的旅顺口。旅顺口在近代是著名军港,西方人称之为亚瑟港。

资本的增长进一步促进了洋行业务的发展，特别在烟台、青岛、济南和大阪，其业务范围进一步扩展，包括多条进口航线。特别在大阪，岩城商会建立了一个宏大的造船厂。此外，在日本伊予（Iyo），还有一个相当规模的铜矿也在开采。

由于1919年在日本发生的经济大萧条对航运业的侵袭，岩城商会在东方的业务受到了沉重的打击，为了避免重大损失，岩城商会在各地的分公司开始独立运作，与总部不再发生业务联系。也就是在这时候，岩城商会在旅顺口和济南的分公司被迫关闭。

岩城商会在烟台的业务非常广泛，其中就包括代理日本知名航运和保险公司在烟台的业务。其进口业务包括水泥、燃油、铜、五金、白糖、面粉、玻璃、苏打粉等等。岩城商会在总体上，控制了烟台从日本进口业务的50%以上。

▶ 岩城商会执行董事高见京介先生

岩城商会执行董事高见京介（Yoshio Takami）先生，1896年生于日本下关港市（Shimonoseki），毕业于下关港市商业学校，他1918年作为岩城商会的雇员第一次来烟台。岩城商会重组于1926年，此后，岩城商会资产和债务由高见家族收购，他现在是岩城商会的唯一所有者和实际控制者。

▶ 烟台的日本岩城商会

▶ 第四林区风景，优美的自然景色，被誉为山东省目前最大的公园

仁德洋行

在西方传教士来到中国传教之初，为了博得好感，经常采用购买一些小商品赠送给中国人的办法，这是得到普遍认同和效仿的没有争议的事实，即使采用这样的办法，在他们最初的努力过程中，虽然有一些传教士取得了成功，而有一些也失败了。在商业活动中也是一样，有一些成功了，有一些也失败了。而只有很少的一些，在传教和商业这两方面都取得了成功。对于下面要说的詹姆士·马茂兰（James Mcmullan）先生，实事求是地说，就属于后者。

从1893年开始，詹姆士·马茂兰先生就以自己的名字创建了仁德洋行（James Mcmullan & Co., LTD），其主要的目的，是为了出售在山东生产的一些商品，从而建立新的产业，这个洋行的各种各样的活动，几乎都与港口的发展和繁荣密切相关，共生共荣，相互促进。

▶ 仁德洋行职员合影

纵观这一洋行的发展历史，多多少少与那些最初规模很小，但后来取得巨大成功，从而迅速膨胀发展的企业有相似性。洋行最初所从事的商业活动，可以说并不是非常引人注意，但最后却成功地克服了对大部分企业来说兴衰枯荣的周期变化。今天，仁德洋行被普遍认为，在山东境内，在进口、出口、商业贸易、授权代理等方面几乎都占有领先的位置，借助于在青岛、济南等地所设立的分支机构，以及在青岛、威海卫、上海等地的合作公司，仁德洋行的开拓精

▶ 30年前的仁德洋行

神使得其声名鹊起，马茂兰家族因此也赢得了极高的威望。

▶ 今天的仁德洋行

仁德洋行的经营范围，主要是山东当地所生产的工业产品的出口，仁德洋行每年所经手出口的柞蚕生丝、丝绸、真丝废丝、花边、刺绣以及发网等，与其他出口商相比，都占有领先的位置。此外，仁德洋行还设立有一个工程部，还拥有烟台最大的和最现代化的印刷厂，以及《芝罘日报》报纸，在烟台这一港口城市，这是唯一的一份外文日报。

在仁德洋行所拥有的众多产业中，值得一提的是，仁德洋行还代理美国福特汽车公司出口公司(Ford Motor Co. Export Inc.)业务，在烟台拥有一个现代化的服务基地。

▶ 仁德洋行总经理罗拔·马茂兰先生

在山东省全境，仁德洋行所开展的商业和其他领域业务活动都非常广泛，今天，仁德洋行在整个社会各阶层中，都具有相当深远的影响。

现任仁德洋行总经理罗拔·马茂兰(D. P. R. Mcmullan)先生，是詹姆士·马茂兰先生长子，又称为大马茂兰，1899年出生于烟台，父母均为北爱尔兰人。罗拔·马茂兰先生可以说是现在这一港口城市最有影响的商人，与各种公众和商业组织有密切联系，特别是他现在担任烟台外国公会主席。他是仁德洋行的精神领袖，也是仁德洋行和其他相关子公司、分支机构的执行董事。公司能够取得如此巨大的成功，完全归功于他杰出的领导才能。他对中国有超乎寻常的了解和认识，这使他在处理各种商业关系时能站在一个非常好的角度。特别是考虑到他相对年轻的年龄，他所取得的成就更加引人瞩目。

茂记洋行

茂记洋行[①]，其前身起源于 1934 年仁德洋行对英商和记洋行（Cornabc, Eckford & Co.）的重组。当时，和记洋行经过重组，改名为茂记洋行，并根据香港法律作为一个英国有限责任公司而重新注册。

▶ 茂记洋行

前面提到的和记洋行，也许是在中国北方最知名的英国洋行，其从事商业经营活动达 70 年之久，对于烟台经济发展和城市建设事业做出了巨大的贡献。

和记洋行自 1864 年建立之后，作为商业和代理机构，获得了许多世界知名船运和保险公司的业务代理资格，同时还在多条国际航线上从事贸易活动，其所经营的范围几乎涉及所有中国产品，将这些产品从山东出口。

① 在英文原文中，称为"仁德洋行代理有限公司"（Mcmullan（Agencies）Ltd），茂记洋行的前身为英商和记洋行，1934 年，和记洋行因经营不善而倒闭，将洋行转让与仁德洋行，经仁德洋行重组，改名为茂记洋行。

▶ 茂记洋行职员合影

总体来说,茂记洋行被认为是烟台港口最优秀的英国船运和保险代理公司,除去船运和保险代理业务,茂记洋行还经营大宗进口和出口贸易。作为代理机构,它的代理对象中,包括一些世界知名的船运公司,比如,茂记洋行就是世界著名的英国伦敦劳埃德保险社(Lloyds)的代理商①。

就像前面提到的,茂记洋行经营着烟台唯一的一家进口汽车出租服务公司,拥有一个现代化的小汽车队,以及宽敞的修理车间。

▶ 茂记洋行所拥有的烟台唯一一家进口汽车出租服务公司

① Lloyds,原是17—18世纪英国伦敦一家咖啡馆,保险商最早就是在这里开始了海运保险这一业务,被认为是世界上最早的海运保险机构。

▶ 由茂记洋行经营的烟台最大的货栈

茂记洋行在青岛和威海卫均设立有分支机构，因为它与仁德洋行有着密切的联系，从而使得现在它比历史上任何时候都有着更强的实力。

三井物产株式会社

三井物产株式会社(Mitsui Bussan Kaisha, Ltd)，其总部在日本东京，是日本对外贸易领域最有实力的企业集团，也是日本三井财团所有业务公司中最活跃的子公司，其拥有的超过100家的分支机构和办事处，遍布世界各地。三井物产株式会社资本已达到一亿元，储备金超过6500万元。在日本现代工业高速膨胀的今天，三井物产株式会社在商业领域的各个门类，都具有领跑者的地位和作用。

▶ 三井物产株式会社烟台分公司职员合影

三井物产株式会社烟台分公司设立于1898年,多年来建立了健康稳固的商业业务,并依然保持着良好的发展势头。

现在,三井物产株式会社烟台分公司是烟台地区最重要的企业之一,主要经营煤炭、高丽参、一般货物和保险业务,它是唯一一家经营东北抚顺煤炭的公司,其所经营煤炭,不管在家庭使用还是作为锅炉燃料使用,在烟台地区使用很广。

▶ 三井物产株式会社烟台分公司办公楼和仓库

三井物产株式会社烟台分公司还是朝鲜政府唯一授权垄断进口和经营高丽参的公司,就单纯经营高丽参的营业额也是非常可观的。事实上,在进口高丽参业务上还有可以发挥的更大的潜力和空间,高丽参可以再次被经销至中国南方、海峡殖民地地区、爪哇岛等其他热带岛屿地区(高丽参是一种只能生长在朝鲜地区的植物,因为其有一定的药用价值,在亚洲各国人民中深受欢迎)。

▶ 三井物产株式会社烟台分公司经理犬冢先生

保险业务也是三井物产株式会社烟台分公司的一项重要业务，由于其经营范围和领域宽广，在烟台地区的保险业市场也占有很大的比例。

现在，三井物产株式会社烟台分公司经理是犬冢(N. Inutsuka)先生，他1893年出生于日本神户港市。在从神户商业学校毕业后，1912年进入三井物产株式会社神户分公司工作。从那时起，他就一直在三井物产株式会社各地的分公司工作，比如天津、东京、长崎等。在三井物产株式会社长崎分公司工作六年期间，犬冢先生担任经理助理，从那里他被调任烟台。犬冢先生于1935年4月到达烟台，在前任烟台分公司经理川村(E. Kawamura)先生离职后，被任命为烟台分公司经理。

▶ 烟台日出

▶ 烟台附近的果园

万丰洋行

德商万丰洋行(W. Niggemann & Co.)，一度被认为是烟台最大的大花生(无论是带壳花生还是花生果)销售商。山东出产的这两种商品，只要打上"WN &

CO"万丰洋行的商标,在世界各地都会有良好的口碑,特别在加拿大,烟台大花生在加拿大市场的消费量非常可观。

▶ 万丰洋行办公楼和仓库

万丰洋行是由尼戈曼先生(W. Niggemann)于1922年在烟台建立。在其初创阶段,业务范围仅仅是经营发网和花边,效果不是很明显,但在开始经营大花生业务以后,万丰洋行业务发展一切顺利。现在,万丰洋行在一般出口贸易方面,就大花生业务而言,已经成为烟台最大的出口商。在此后不久,随着万丰洋行经营业务和交易额的不断增长,迫切需要为它的大量客户提供更完备的基础服务,于是,万丰洋行在威海卫设立了分公司。此后,在1931年,万丰洋行又在大连开设了另一个分公司。万丰洋行的创始者尼戈曼先生,现在就在万丰洋行设在大连的分公司领导洋行的经营。

虽然就目前而言,世界范围的贸易状况不容乐观,但万丰洋行的经营业务却年年都有增长。万丰洋行在烟台大马路(Broadway)拥有宽敞气派的总部大楼,大楼建成于1923年,标志和证明了其在烟台这座港口城市某些商品出口贸易方面所占据

▶ 万丰洋行职员合影

的重要位置。除了通常的出口贸易,万丰洋行还代理一些知名的船运公司业务,这些船运公司通常停靠烟台,运输各种出口货物,其中很大一部分货物就是大花生。

万丰洋行还是在烟台没有雇用中国"买办"来从事贸易中间业务的很少的外国公司之一。"买办"这个词语,在中国通常是指某个负有一定责任的中国人,也可以说他是某个外国公司的中方经理,担负着代表外国公司利益来处理与中国买方或卖方之间关系的义务。作为一个常规,所有涉及中国的业务,都需要通过买办来完成,他们收取固定的佣金。

万丰洋行的出口业务高度专业化。例如,它有自己的大花生分级工场,在外方人员的监督之下,在任何时间都可以根据固定的标准提供大花生。

▶ 现任烟台万丰洋行经理兰兹先生

此外,万丰洋行还经营猪肠衣、发网、花边和刺绣等业务。

烟台万丰洋行现任经理兰兹先生(H. Lanz),在1931年才加入万丰洋行,当时,他是代表万丰洋行前往大连开办分公司。1934年他离开大连,接替尼戈曼先生的烟台万丰洋行经理职务。在此之前,尼戈曼先生就来到大连,日后接替他负责大连分公司业务。兰兹先生从1926年开始,曾在汉口的斯派德尔公司(Speidel& Co.)工作过,在1931年斯派德尔公司破产之前离开。兰兹先生1902年出生在波兰北部港口城市但泽(Danzig),他同中国的机缘,最早始于他曾供职于青岛的温德森公司(Windsor & Co.)。兰兹先生在他逗留中国的10年间,游历了中国的很多地方,对中国内地的客观环境有非常深刻的了解。

永兴洋行

希腊永兴洋行(Paradissis Freres Et Cie.),也是烟台最杰出的外国公司之一,已经成功渡过了长达四分之一世纪烟台商业的风雨历程。永兴洋行建立于1911年,最初规模一般,业务也有限,直到1920年,公司才以帕拉狄西斯洋行(Alex Paradissis & Co.)的名称声名鹊起。永兴洋行是最早将发网贸易商业化、成规模地从烟台出口到西方的企业之一。今天,洋行名称改为永兴洋行

（Paradissis Freres Et Cie.），在烟台的出口贸易中占有非常重要的地位。虽然洋行的主要业务集中在柞蚕丝绸、发网和花边等方面，但永兴洋行同时也拥有一家信托投资公司，这个公司则主要从事保险、房地产和一般银行业务。

烟台永兴洋行经理帕拉狄西斯（Alex Paradissis）先生，希腊人，出生于小亚细亚的士麦那（Smyrna）[①]，49 岁。帕拉狄西斯先生最初就是以他的名字创建了公司。与他的外貌不太相称的是，帕拉狄西斯先生获得有一个医学学士学位和

▶ 烟台永兴洋行职员合影

▶ 烟台永兴洋行及其仓库

▶ 烟台永兴洋行经理帕拉狄西斯先生

其他几个文凭。帕拉狄西斯先生与其他商人最大的差别是，他喜欢将自己的业余时

① 现土耳其西部港口城市伊兹密尔的旧称。

间花费在追求有益的知识上。帕拉狄西斯先生已婚，有三个孩子，他在烟台生活已经有 34 年了，非常有同情心，在他眼中没有偏见。虽然很严谨，但帕拉狄西斯先生也是一位多产的作家，曾经主动向当地报纸投稿，呼吁关注烟台的社会福利问题。

朋诺洋行

烟台法国朋诺洋行(Pernot(chefoo))，是由路易·朋诺(Louis Pernot)先生 1922 年创立的，朋诺先生在烟台已经生活了近 30 年。朋诺洋行是烟台唯一的一家法国外贸公司，其业务主要集中在柞蚕丝绸、生丝和真丝废丝、草辫等领域。朋诺洋行在内地有规模很大的金丝草茎编织企业，洋行从菲律宾进口大量的草辫原料金丝草，而其最终产品的主要购买市场则集中在英国、法国和美国。

▶ 烟台朋诺洋行职员合影

▶ 烟台朋诺洋行经理路易·朋诺先生

朋诺先生是烟台朋诺洋行的创立者，他起先是在 1906 年作为法国非常知名的企业法国香港永兴洋行(Olivier Chine)的职员来到上海，并在那里一直工作到 1922 年。在来中国之前，他曾在法国香港永兴洋行的巴黎分公司工作 6 年。在第一次世界大战期间还曾服役 5 年。已婚，53 岁。

敦和洋行

烟台英国敦和洋行(Railton & Co., Ltd., H. E),是由来自英国曼彻斯特的瑞尔顿(H. E. Railton)先生,于1912年1月创办的。在此前十年,瑞尔顿先生曾是位于上海的一家美国贸易公司的布匹部经理。就在同一年的晚些时候,克鲁珀(G. H. Kruper)和詹姆士·西尔俄松(James Silverthorne)两位先生也加入了敦和洋行。至1914年,敦和洋行业务得到迅速发展,规模也不断扩大,这使得进一步增加敦和洋行资本投入成为必然的要求。因此,在1914年,敦和洋行根据香港法规,改组成为一个私人有限责任公司。

▶ 烟台敦和洋行经理瑞尔顿先生

敦和洋行经营的出口商品,主要是柞蚕丝绸、花边、刺绣、发网、废丝等,进口货物则主要是产自英国曼彻斯特、布拉德福德的布匹、制鞋皮革、制鞋绉胶、新闻纸张和杂货。此外,敦和洋行还代理了5个消防、1个海事保险公司的业务。

自1928年以来,敦和洋行开始关注草辫和金丝草帽业务。敦和洋行开始自己从菲律宾马尼拉进口金丝草和麻纤维,以及各种编织帽子的精致的纤维原料,其成品主要市场则在法国、瑞士和日本。

远东洋行

烟台的美国远东洋行(The Rieser Company, Inc),是总部设在美国纽约的远东洋行的分公司,拥有"维尼达"(Venida)品牌,生产非常流行的"维尼达"品牌的各式发网和同一品牌的其他产品。烟台分公司成立于1920年,最初只经营发网单一产品。

当全世界的妇女们都流行将她们的头发剪短后,远东洋行不得不考虑调整他们的经营业务,从1925年开始,远东洋行产品不仅织造发网,还开始生产像刺绣、手帕、花边、草辫制品、木制品等这些需要手工制作的商品品种。

▶ 远东洋行烟台分公司职员合影

随着远东洋行自己的生产过氧化氢产品的化工厂的建成，远东洋行掌握了人发的脱色技术，这使其生产的发网产品在品质上远远超过了其他公司产品，由此，远东洋行在这一产品的出口方面具有了极大的优势。

远东洋行对其产品的生产流程进行了细致全面的调整，这大大提高了其生产的专业化水平。远东洋行在海外的经销商在经营业务上是独立的，其商品只专门提供给那些设在美国和英国的分支机构。

▶ 远东洋行烟台分公司经理罗斯奇尔德先生

罗斯奇尔德（Mervin Rothschild）先生，他被任命为远东洋行烟台分公司经理已经至少有 5 年了，而他为这家洋行效力，则已经有 15 年历史了。在来到中国之前，他为洋行开办了伦敦分公司，并在那里负责公司业务也几乎有 5 年时间。罗斯奇尔德先生 1888 年出生于美国华盛顿特区，已婚。

信丰公司

信丰公司在中国商业机构中①，是从事直接对外贸易的开拓者。公司 1908

① 其英文名称为：山东丝绸花边有限公司，Shantung Silk & Lace Co. Ltd.。

年创立，由李明轩和李虹轩兄弟建立，其目的在于促进地方产品进入国际贸易，特别是手工产品和其他产品向国外的直接出口。在其早期，因为没有找到合适的海外渠道，其经营状况异常艰难，但得益于其创立者的诚信和远见，通过提供延伸服务从而消除中间环节成本，从而保证了对外贸易业务的盈利和成长，也使得公司在商业领域得到认可和成功。更重要的是，公司幸运地从一开始就获得了强势的社会背景支持，如崔葆生先生①，就是一位很有影响的当地商人，他还是烟台中国总商会会长。还有其他几位在烟台当时非常有影响的中国商人，都是这家公司的股东。由于李氏兄弟的精明和他们长期坚持不懈的努力，公司逐渐脱颖而出，今天，信丰公司在烟台商业和工业界都有着重要的地位。

▶ 信丰公司大楼和营业厅

在 1913 年，信丰公司的业务还仅限于出口花边、丝绸、刺绣和草辫；到 1914 年，其业务就扩展到发网，其产品就可供应纽约和伦敦的一流百货公司，这也进一步促使了日后这些产品的工业化生产。信丰公司很可能是第一个涉足发网出口贸易的中国公司。当时，信丰公司仅发网业务部就拥有四个工厂，雇佣有 1000 多名工人，专门从事发网打包和运输前的检查。

到了 1921 年，信丰公司成为美国芝加哥西部公司唯一定点的代理商，专门制造和提供“根兹博罗”（Gainsborough）牌发网，产品畅销美国和加拿大。

信丰公司还是其他一些公司和两个保险公司在烟台的代理商。为了保持正

① 当时的烟台中国商会会长就是崔葆生，其本人也是一位在烟台当时很有影响的商人，但原文中此人英文拼为“C. K. Chang”，恐拼写有误。

常的出口业务优势，信丰公司还注重进口一些特殊的原料，比如尼龙、丝线、金丝草纤维、黄铜别针等等，来满足其出口产品的需要。

从1916年到1924年，信丰公司在烟台还开设了一个地毯加工厂，专门从天津和北京请来大约50个熟练工人，这是山东省的第一个此类工厂。

信丰公司在北京、上海、天津、阿根廷布宜诺斯艾利斯都有分公司，在世界其他地方也有代表处。其中天津分公司成立于1919年，主要业务是出口草辫、羊毛地毯和北京工艺品。

在烟台，信丰公司在华商企业中拥有极高的威望，无论在中资还是外资的银行界以及商业界，都有高度评价，具有极高的口碑。

▶ 信丰公司出口部经理吴覃臣先生

信丰公司出口部经理吴覃臣(James Woo)先生，曾在美国檀香山公立学校和布恩(Boone)大学学习，获得学士学位，今年48岁，出生于一个历史悠久的和备受尊重的海外华侨家庭，其家庭在19世纪80年代从广东移民夏威夷群岛。他的很多亲戚现在都在檀香山经商，吴覃臣先生是家庭中的第三代移民。他于1906年回到中国，最初来到湖北省武汉市，在那里学习中文，并于1911年获得学位。此后，他成为北京崇德学校(Chung Te School)的老师和教务主任，在那他工作了3年。此后他还担任过河北省永清中学(Yung Ching)的校长。在武汉当学生的时候，他就组织过一个大学棒球队，由此将这一美国非常流行的运动介绍给华中地区的学生，从此以后，这一运动被越来越多的中国大学所接受。

作为一个有丰富社会经历的领导者，面对众多的宗教、种族等问题，吴覃臣先生对社会福利事业产生一种自发的追求，他性格温和热心，发自内心地祝愿，并愿去真正实际推动改善中国居民和外国侨民之间的相互理解。他也是烟台芝罘俱乐部的早期创立者之一，这个俱乐部的成员是当时在烟台的各国社会名流，在超过14年的时间里，吴覃臣先生作为烟台当地政府委托的中方代表，在烟台的国际委员会(外国公会)中做了大量的工作。

吴覃臣先生在国内外都有广泛的游历，游历过日本、朝鲜，以及北美、欧洲、大不列颠、马来西亚、锡兰和菲律宾等国。在他自1913年开始担任信丰公司出口部经理以来，在他的精明领导下，海外出口贸易不论在增长速度上，还是在拓展领域上，都得到稳定而快速的发展，为公司做出了巨大贡献。同时，吴覃臣先生还极大地推动了大量农户家庭手工业的发展，从而使山东融入了世界大市场。此外，吴覃臣先生还对英国语言，以及外国风俗、外国现状有着超出一般的精通和认识，这使得他在烟台，始终处在中国人中的最突出和最显眼位置。而作为一个发网生产方面的权威，他的特殊地位也是不言而喻的。吴覃臣先生已婚，有7个孩子。

▶ 信丰公司职员合影

德茂洋行

卡尔·施米茨(Carl Schmitz)先生，1879年生于德国科隆(Cologne)，他来到这个港口城市已经有很长时间了，几乎可以算是烟台的常驻居民了。卡尔·施米茨先生到达中国的时候，正是中国发生义和团运动时期，当时，他来中国的目的主要是调查野生丝茧的市场前景，因为工作的关系，他的游历非常广泛，特别是曾经沿着鸭绿江上游，游历了中国东北和朝鲜交界的那些地区。在得到大量关于野生丝茧市场前景的第一手资料后，卡尔·施米茨先生选择在烟台定居，

▶ 德茂洋行经理卡尔·施米茨先生

成为一个丝绸出口商。此后，他离开烟台，开始了一个相当长时期的调查工作，考察在哈尔滨、上海和重庆等城市开展商业活动的可能性。在他回到烟台之后，他重新改组了他的公司，取中文名为德茂洋行（the Shantung Traders Co. Ltd.），公司的业务主要是一般货物进出口、火灾保险和人身保险。在卡尔·施米茨先生的思想中，有很强烈的民主主义理想，这使他在烟台得到很高知名度。同时，他也就自己的能力，以身作则，促进了烟台社会福利事业的发展。同时，作为真丝废丝贸易领域的权威，他的地位也无可争议。

山东商贸联合有限公司

即使在经济萧条最严重的时期，那些具有长远眼光的商人还是在烟台成立了几家公司，其中之一，就是山东商贸联合有限公司（the Shantung Trading Union Ltd）。在1931年，山东商贸联合有限公司作为由几个中国商人和外国商人共同出资的合资企业注册成立。即使处于当时已经持续了几年的萧条商业环境之下，山东商贸联合有限公司依然逐渐发展成为烟台一个重要的贸易组织。

山东商贸联合有限公司是烟台较大的刺绣和花边制品的制造商和出口商之一。同时，它还涉足猪肠衣和大花生业务。对于后者，山东商贸联合有限公司只是丹麦哥本哈根的东亚有限公司（The East Asiatic Co.，Ltd.）的收购代理商，同时，公司还代理一些船运公司业务。

▶ 山东商贸联合有限公司职员合影

此外，山东商贸联合有限公司通过作为得克萨斯公司（the Texas Co.（China），Ltd.）、邓禄普橡胶公司（Dunlop Rubber Co.（China），Ltd.）、百代—哥伦比亚便携式留声机公司(Pathe & Columbia Portable Gramophones and Records)等公司代理商或者供应商这一条件,构建了一个更次一级的代理商网络,覆盖了整个山东西北部,还在龙口、朱桥等地建立了自己的分公司,在青岛和济南设立了自己的办事处。同时,山东商贸联合有限公司还代理火灾保险业务。

山东商贸联合有限公司还有一个突出的特点,就是拥有这个港口城市中最现代化的经营大楼。

虽然山东商贸联合有限公司还不是像它的经营大楼一样是烟台最好的公司,但对于那些具有敏锐长远眼光的公司支持者来说,从来没有对此有过怀疑,而这些坚定的支持者,正是推动烟台这座城市不断得以发展的动力所在。

▶ 烟台毓璜顶,美国长老会传教团活动的中心

▶ 这也许是这个港口城市最现代化的大楼了,这座大楼就是山东商贸联合有限公司的总部所在

士美洋行

俄国士美洋行(L. H. Smith & Co.)是由已故的路易斯·亨利·史密斯(Louis Henry Smith)先生在40多年前建立的,他在来中国之前,在符拉迪沃斯托克渡过了十年时间①。在那里,史密斯先生同俄国政府和商界建立了密切联系,因此,在他来到烟台后,在广泛的商业领域成为那些俄国人在烟台的代表,同时,也成为烟台和符拉迪沃斯托克两座城市之间的桥梁。

在早期,士美洋行主要的商业领域是银行业,因为它是华俄道胜银行(Russo - Chinese Bank,后来被称为俄亚银行,the Russo - Asiatic Bank)的代理商;还有航运业,包括自己包租轮船,专门从事烟台—符拉迪沃斯托克之间的航运业务;此外,还有保险和进口业务。

▶ 士美洋行职员合影

士美洋行最初的办公地点设在朝阳街(也被称作兹莫曼街,Zimmerman,卡皮莱街,Gipperich,或花市街,Flower Street),后来,在太平湾和福开森码头(Fergusson Jetty)之间的烟台港口被改造后②,在1896年,士美洋行大楼和仓库在新的地点建了起来,并在此后由士美洋行所有。此后不久,士美洋行业务进一步得到发展,在大连湾和旅顺口相继建立了分公司。到了1908年,当俄国俄亚银行

① Vladivostock,俄罗斯远东港口城市,中国传统称之为海参崴。

② 1861年,英国商人福开森在烟台开办福开森公司,1867年,福开森公司轮船从英国加的夫湾开往烟台试航成功,首次开辟了英国至烟台的直航贸易,1970年,福开森公司在烟台山西侧太平湾以北修建码头,称为"福开森码头"。

在这座港口城市建立自己的分公司时,这栋士美洋行大楼被俄亚银行占用。士美洋行于是搬迁至原址对面办公,从此以后,这片地方就一直成为士美洋行新的办公地点,只有在 1931 年,因为士美洋行要在这里建设新的办公大楼,而不得不在外暂借地方办公。

▶ 士美洋行办公和营业大楼

▶ 大马路街景,这是烟台最繁华的街道之一。由于港口的不断发展,人们基本可以预见图中这些中国人的房屋最终不可避免地将消失

如果作为俄亚银行的代理商,士美洋行就不能与俄亚银行的客户构成竞争关系而涉足出口业务,但是,当俄亚银行1908年在烟台开设它的分行时,士美洋行就得到一个授权,准许将出口业务作为洋行的正常经营项目之一。士美洋行目前所从事的业务,在出口方面主要是丝绸、花边、刺绣、发网等等;还有就是一般进口、航运,以及保险业务等。

在多年的经营活动中,士美洋行始终保持了充足的活力,在日俄战争爆发之前,士美洋行就在大连和旅顺都开设了分公司,近几年来,还在上海和山东龙口也开办了分公司。直到现在,公司依然保持了创建之初的许多传统,非常珍惜和爱护士美洋行这一名称的荣誉,并为之骄傲,因为士美洋行,是烟台历史最悠久的公司之一。

▶ 西炮台,周边风景非常优美,这里常常有野炊的游人光顾

▶ 享受大海和阳光

美孚洋行

美国美孚洋行①,其烟台分公司成立于1899年。但从1886年直到烟台分公司成立这期间,庆昌公司(Ching Chong & Co.)实际上就已经是它的销售代理商了②。在1894年,一个非常知名的德国公司礼和洋行(Carlowitz & Co.),也被美孚洋行授权在烟台成为销售代理商,于是美孚洋行再次中止了在烟台设立自己的分公司的计划。即使在1899年美孚洋行烟台分公司成立以后,礼和洋行依然经营美孚洋行的航运业务,一直到1902年,美孚洋行完成了自己在烟台芝罘岛东口村储油库和码头的建设,具备了自己的仓储能力为止。

兰牧(V. G. Lyman)先生③,是已故美孚洋行中国公司经理,也是美孚洋行烟台分公司的第一位外国经理。他在这个岗位上大约服务了15年,在他负责管理美孚洋行期间,美孚洋行在济南设立了分公司,并在丹东和大连安装了必要的设施。

▶ 美孚洋行烟台分公司职员合影

美孚洋行在烟台建立的芝罘岛东口村储油库,占地约有30亩,于1901年购买土地,1902年就建成使用。但美孚洋行在烟台市区的仓库却是一直从士美洋

① 又译为标准油公司(Standard - Vacuum Corporation),美孚石油公司,是美国最早的石油垄断组织。1870年由J. D. 洛克菲勒创办,总部设在美国俄亥俄州的克利夫兰。1882年联合其他石油公司成立了标准油托拉斯,成为美国第一个托拉斯组织,控制了美国的石油工业。

② 庆昌公司,又称为旗昌洋行,1862年由美商在烟台设立分支机构,主要经营海外航运。

③ 兰牧,美国人。1895年5月来华。1902年加入美孚石油公司。1921~1929年任上海公共租界工部局董事。1921~1922年曾任美国在华商会会长。

行租用的，但直到1910年才开始使用。在那段时间，公司使用一条轮船、三条拖船、一条当地的帆船，负责将货物从芝罘岛东口村储油库运到烟台，有时还有威海卫。在好几年时间里，美孚洋行芝罘岛东口村储油库设备的管理，是在一名外国专家的监督之下，5名印度监工和8名中国人一起完成的。芝罘岛东口村储油库由三个大仓库组成，总计存储容量可达30万箱。这个存储中心最初计划是为整个东北提供产品，包括新京、丹东、大连，甚至天津。然而，随着美孚洋行大连分公司的发展，芝罘岛东口村储油库的任务得到进一步增强，以至不能更好地满足东北地区的需要，于是美孚洋行开始考虑建设新的仓库，在1908年，又在威海卫建立了新的仓库。

自从公司发展了在大连、天津、济南和青岛的仓储能力以后，美孚洋行烟台分公司的进口量就相对大大减少了。

▶ 美孚洋行烟台分公司经理唐先生

美孚洋行烟台分公司现任经理唐先生（音译，S. J. Tsuang），上海浦东人，44岁，在上海长大并在当地接受教育。他最初参加工作是在上海的卫理公会书局（Methodist Publishing House），并在那工作了7年时间。此后，它在上海市政府的电力部门工作了3年。他加入总部设在美国纽约的美孚洋行，是1919年在上海，并在此后被安排至青岛分公司，在那他一直工作到1930年。此后，他被提拔到烟台分公司工作，一直到今天。唐先生已经结婚，是四个孩子的父亲。

得克萨斯（中国）公司

美国得克萨斯（中国）公司①，是世界三大石油公司中进入中国时间最晚的，其中国总部设在上海。虽然时间较短，但得克萨斯（中国）公司在过去的十年间还是有不俗的表现。烟台分公司的建立，是在1927年，当时其煤油产品刚刚进

① 得克萨斯公司（The Texas Company (China) Ltd.），其前身为得克萨斯燃油公司，1901年创办于美国得克萨斯州。1902年在燃料公司的基础上建立新石油公司，取名得克萨斯公司，总部也随之迁往纽约。1977年前一直是仅次于埃克森公司的美国第二大石油公司。1959年5月改名德士古公司。

入烟台地区之后，就由得克萨斯(中国)公司青岛分公司的迪屏(N. M. Draper)先生建立。然而在今天，烟台分公司在汽油和润滑油业务上已经有了很大规模，特别是在美国海军将这里设为夏季基地以后。

对于得克萨斯(中国)公司所经营的三个品牌的煤油来说，"鹰阜"牌可以说是最为流行的。得克萨斯(中国)公司的销售对市场具有很大的影响力，对于其他的一些石油公司来说，主要依靠廉价的从日本进口的产品，但市场份额还是比较有限。

现在，朱先生(音译，D. H. Shu)负责得克萨斯(中国)公司烟台分公司的经营。

岩诺拉特(中国)公司

岩诺拉特(中国)公司(Yannoulatos Bros. (China))设立于1910年，虽然最初经营领域仅仅是丝绸销售、一般货物进口、航运和保险业务代理，但此后岩诺拉特(中国)公司还是从希腊政府得到许可，在希腊的马其顿地区探查油田，这一冒险实践证明是非常值得的，在一定程度上也获得了成功。

岩诺拉特(中国)公司，同时也是一些著名的希腊航运公司在远东的代理商。

为了适应其快速增长的业务发展，岩诺拉特(中国)公司最近正在庆祝其另外两家分公司的开业，一家在神户，另一家在大连。

▶ 岩诺拉特(中国)公司总经理岩诺拉特先生

岩诺拉特(B. P. Yannoulatos)先生于1887年8月19日，出生在希腊克法利尼亚岛(Cephalonia)，是当地三家重要公司的执行总裁。他在东方从事商业贸易已经有近30年的历史了，第一次来中国是在1905年。在1910年，他在烟台组织成立了中国柞蚕丝绸商贸联合会，从那时起直到现在，他都担任总经理。后来，他和他的家人一起，以他的名字成立了这家公司。在1932年，他与前上海法租界公董局董事会最高长官勒布里斯(Paul Le Bris)先生达成合作协议①，在上

① 勒布里斯，法国人，在1919年至1920年期间，担任上海法国租界第五十届公董局董事会总董事长。

海和巴黎两地成立了勒布里斯进出口公司(P. Le Bris Export - Import S. R. L.),其中,岩诺拉特先生担任中国方面的执行董事。

岩诺拉特先生在1932年7月,受到其国家政府的嘉奖,任命他为希腊政府驻上海代理(荣誉)领事。

颐中烟草销售有限公司

从纯粹经济角度的观点来看,也许没有一个在中国的外国企业,能够比颐中烟草销售有限公司和其旗下所隶属的企业联合在一起的能量更大,这些企业都有外国资本运作的背景。在中国,与这个烟草领域的先驱者相联系着的,还意味着颐中烟草销售有限公司,比其他任何一家外国企业雇用了更多的工人,这也意味着为他们提供了生计的来源。颐中烟草销售有限公司在中国建立已经有超过50年的历史了,它在上海、青岛、汉口、许昌、天津、香港等地的隶属公司都开办有大型工厂,同时,其完善的市场销售网络遍布中国各地,这些都表明,对于不同领域的先驱者来说,任何困难和障碍都能够征服,从而取得骄人的成绩。正是因为公司所取得的这些巨大成绩,以至于近些年来,引起了同在烟草领域的一些中国公司的羡慕与嫉妒,他们不时地发起一次次的运动,号召社会抵制外资公司所生产的香烟。然而,这一运动在中国的很多地区被证明是没有效果的,颐中烟草销售有限公司良好的社会影响,以及品牌的知名度和产品的高质量,在中国消费者内心深处是根深蒂固的。

颐中烟草销售有限公司的名称,在1934年被改回为其最初的名称,即英美烟草中国有限公司(the Britain - American Tobacco Co. (China) Ltd.)。

虽然颐中烟草销售有限公司烟台分公司在30年以前就建立了,但在3年前,烟台分公司还仅仅是颐中烟草销售有限公司青岛地区办事处隶属下的机构,现在,烟台分公司已经成为一个地区级的销售分公司,下辖有龙口和威海卫两个地区办事处。烟台分公司的办公室设在海岸路的仁德洋行大楼,烟台分公司的业务,在运输和仓储等方面,同仁德洋行代理有限公司(茂记洋行)也有非常密切的联系。

烟台地区的烟草市场,相对来说是较小的,每年的市场消费量大约是3000箱,每箱有5万支,大体上每天的消费量是42万支。这个数量,颐中烟草销售有限公司自有的品牌能占到70%到80%,其余的市场份额,则由上海的南洋烟草公司(Nanyang)和华成烟草公司(Hwa Cheng)分享。在当地人口中最流行的香烟品牌是古印、哈德门（颐中烟草销售有限公司品牌）、长城（南洋烟草公司品牌）和金鼠（华成烟草公司品牌），后两个品牌进入烟台仅仅是几年前的事。在烟台，烟草领域目前还没有日本企业参与竞争。

对于生产专门针对中国消费者的较低档次香烟的烟叶生产，在中国的一些地区，比如山东潍县二十里铺等地区，有较快的增长，这些都是由美洲引进的种子。这些工作是在公司的烟叶专家的定期监督之下，由当地农民来完成的，公司以确保这些农民获得合理利润的价格，全部买进这些烟叶。

颐中烟草销售有限公司在经营策略上，为取得良好的社会形象，注重参与各种慈善活动，而许多社会和政府团体也受惠于此。颐中烟草销售有限公司为此曾经捐助了几百万美元，以期望公司的经营能被中国社会所认同，例如像洪灾救助等等。也正是因为这个原因，颐中烟草销售有限公司在整个中国的华人和外侨中间，都获得了极高的声誉。

潘志尧（音译，Pan Chi－yao），山东青州府人，33 岁。他在烟台和北京接受了教育，在颐中烟草销售有限公司工作已经有 12 年了。最初在济宁工作 5 年，然后在青岛 3 年，最近这 3 年，才来到烟台，担任分公司经理。

▶ 石牌坊

猪肠衣

猪肠衣，在中国总的出口贸易中占有相当大的比例。这一贸易首先是在广东和汉口得到发展，再后来，就逐渐发展到上海和天津。

烟台的一些具有长远眼光的出口商，看准了经营出口猪肠衣能够保证获利的这一商机，特别是看到在山东东部地区，每年也有条件生产出大量的高品质的这种产品后，纷纷加入这一行列。因此，在中国商人们的精心组织之下，猪肠衣可以直接从烟台出口，而不必绕道天津或上海。

在近 10 年的时间里，这一产品的出口持续增长，但近来，猪肠衣的出口，同其他大量商品的出口所面临的问题一样，也受到不利的影响，其主要原因，应该归罪于现在世界范围的以黄金为本位货币的贬值。

在正常的时间里，这种具有较高附加价值的商品在美国和一些欧洲国家的市场上，曾受到意想不到的欢迎，这些地区也正是烟台出口产品的目的地，中国商人在这一贸易过程中得到了丰厚的利润。猪肠衣产品在山东东部的产量估计是每年超过 50 万套(每一头猪一套)，其价值大约是 100 万墨洋。

在烟台，当地出口商收购肠衣以用来准备出口的程序非常简单。首先是基层的小商贩们从屠户手中把这些猪肠收购来，用小刀或竹片将猪肠上的肥油和其他脏东西刮掉。然后把这些肠衣用盐腌起来。当积累到一定数量时，这些小商贩就联系出口商将这些肠衣送过去，作为一种惯例，出口商在此之前，就已经与这些小商贩们订有供货合同。

▶ 进行肠衣的清理、检验和测定长度

在出口公司的工厂里，这些肠衣需要再次认真检查，具体方法是将肠衣注满水，以确认它们是否有破洞，然后，根据长度给它们确定级别。每一套，或每一束肠衣，根据它们的商业标准，是由 3 段所组成的，长度是 13.5 码。按照出口的标准把肠衣准备好后，就将它们打成包，装入木桶中，每一桶要装 2500 套。

总体来讲，不同的肠衣按质量要分为 6 到 7 级，其分级的长度标准分别是：22～24m/m、24～26m/m、26～28m/m、28～30m/m、30～32m/m、34～36m/m。

昌兴火柴公司

考虑到火柴的广泛使用和巨大销量,火柴制造,可以说是一个非常有利可图的行业。然而在山东,特别在烟台地区,却不是这么回事。这种不利因素主要是由于可怜的购买力和不稳定的税金造成的,烟台出现的这种状况,多多少少是同现在整个中国的情况相一致的。

在当地,火柴生产主要使用的女劳动力成本是非常低廉的,大约是每天40到120个铜板(1墨洋等于400铜板),而男劳力则是根据不同的档次,从5墨洋到25墨洋一个月不等。由此可以看到,就劳动力成本而言,对于外国商人来说,在中国做任何一种稍稍有所考虑的生意,会出现赔本的情况,几乎是不可想象的。

昌兴火柴公司在烟台地区,是唯一的一家火柴制造厂。它的前生是中蚨火柴公司(Chung Fu Match Co.),这家企业在9年前就被停业清算。此后,昌兴火柴公司在投资5万墨洋后工厂重新得以生产,被认为是对中蚨火柴公司的一次成功重组,昌兴火柴公司仅仅生产一种牌子的火柴,"蜜蜂牌"。公司每年的产量是6,000箱,每一箱装14,400小盒。几乎有一半的产量在当地就被消费了,其余产品则在邻近地区销售。公司雇用了大约300个工人,其中2/3是女工。

中国的火柴生产行业,也需要投入大量的资金,雇用成千上万的男女工人。就山东省来说,大约有30家火柴生产企业。这个数量,仅仅是对一个省来说的。这也许能给读者一个清晰的联想,在整个中国,仅仅就这么一种产品,就有着如此巨大的市场潜力。山东省的其他一些重要火柴企业,主要分布在潍县(2家,其中1家是德国企业)、龙口(1家)、青岛(13家,其中2家是日本企业)、济南(5家,其中1家是日本企业)、烟台(1家)、胶州(1家)、威海卫(1家)。

济南的兴业火柴公司(Hsin Yeh Match Co.),在山东省是最大的火柴生产企业,在不同的地区拥有3家工厂,但是其生产经营状况并不是非常理想。事实上,火柴在山东全省的生产量和销售量,有一个概括的观点,至少占有整个中国生产量和销售量的30%。中国企业所面临的最大问题,就是和日本企业的竞争。

张裕葡萄酿酒公司

张裕葡萄酿酒公司在烟台东山和西山最好的地方①,拥有广阔的葡萄园,总

① 在英文中,写作"Chang Yu Pioneer Wine Co.",直译为:张裕先锋葡萄酒公司。

面积有大约3,000亩,这家公司在整个中国的葡萄酒行业中是公认的领导者。公司所拥有的大部分葡萄园,都经过精心专业的栽培修剪,错落有致地排列在一系列的台地上,景色是既壮观又美丽,给人一种从来没有过的美好感觉。

▶ 张裕葡萄酿酒公司的东山葡萄园

▶ 科研开发工作在张裕葡萄酿酒公司一直不曾停顿,也只有这样才能使公司有能力持续生产出最好的葡萄酒。这是张裕葡萄酿酒公司拥有的一座现代化化验室

在烟台邻近地区，张裕葡萄酿酒公司葡萄栽培的总量大约是45万株，一般每株单产2到5磅。葡萄树都修剪的又矮又壮，其目的是为了抵御在特定时期的强劲南风。在葡萄树的三个不同高度，还要用铁丝固定在木柱上。最初用来起固定作用的木柱，现在逐渐已被水泥柱所取代，相比于木柱，水泥柱更加结实，也更容易清理和消毒。

▶ 张裕葡萄酿酒公司酒窖一瞥

张裕葡萄酿酒公司的酿造厂就坐落在城区离港口不远的地方，其工厂建筑占地约700万平方英尺，周围环绕着花园和苗圃。在厂房以下大约20英尺，建有一个大酒窖，在那儿，常年温度一直可保持在摄氏13度左右，各种各样的葡萄酒和白兰地就在那保存和调制。

▶ 这个大酒桶，是用由美国进口的橡木制造，其容量为16,000升

从旁边这幅照片上，读者对张裕葡萄酿酒公司宏大的事业就会有一个大体的理解，巨大的酒窖中安装着最新的各种机器和设备，一排排的酒桶整齐排列，其中有些容量可达到16,000升，目前在世界上，也只有法国和意大利的企业在规模上能够超过张裕。

张裕葡萄酿酒公司的产品，正逐渐得到外国和中国消费者的认可，其产品相比于进口产品有更大的优势。

张裕葡萄酿酒公司的建立已经有 40 多年的历史，作为解决公司财务困难的结果，现在的张裕公司已经由中国银行完全接管和所有。

张裕葡萄酿酒公司曾发生过一起大火，这也标志着其前任创业者的失败。现在开始已经在做准备，那些很长时间以来一直没有移动过的废墟，很快将会被清理，将会有一座新的，里面安装了现代化生产线的厂房将其取而代之。

在下面这张照片中，前排就座的人，从右面数第一个是巴提斯图兹（I. M. Battistuzzi）先生，他是张裕葡萄酿酒公司聘请的外国职员，被认为是现在中国唯一的一个国外葡萄酒专家，在酿造工厂中所有技术问题的处理都由他直接监督负责。他是一个意大利人，45 岁，毕业于意大利考耐哥列努（Conogliano）葡萄栽培和酿造高级学院①，已婚，有 3 个孩子。

▶ 张裕葡萄酿酒公司职员合影

德顺兴造钟厂

作为中国钟表工业的先驱，德顺兴造钟厂有一个传奇的经历。德顺兴造钟厂今天在烟台工业界的崇高地位，完全归功于天生聪慧和眼光长远的企业创始人，李东山。

德顺兴造钟厂最早创建于 1892 年，起初只是一个小小杂货铺，只有资本 300 墨洋。由于经营有方，其生意逐渐不断得到发展。短短几年之后，其经营范

① 位于意大利南部维奈托大区，是世界著名的葡萄酒产区。

围大规模扩展，增加了洋货和五金部。到1904年，李东山的资本就已经达到3万墨洋，其业务也扩展到包括制造铁桶、喇叭等小五金和化妆品。

在1912年，李东山先生又开办了瑞兴制伞厂，作为德顺兴的附属企业。在随后的四年中，又创办了三个附属企业，他们是同志玻璃厂、威新花炮厂、宝石钟表厂。

▶ 德顺兴造钟厂创始人李东山先生

在中国，钟表工业的发展历史只有短短的23年，其创始人就是烟台的李东山先生。因此，在这里就钟表工业的发展历史，进行一次全面的整理记录，是完全有意义和必要的。钟表工业的发端，同唐志成先生也有密切的关系，他加入李东山先生企业的时间，正是在开始筹划宝石钟表厂成立的关键时候，虽然唐志成先生在宝石钟表厂工作只有短短的三年时间，但他对这个企业的贡献是巨大的。宝石钟表厂成立之初，只雇佣了40名学徒工人，每人都由唐志成亲自指导。由于钟表制造是一个非常复杂的工作，有很强的技术性要求，学徒工人对技术的掌握非常缓慢，以至当时的工作进展也必然会非常缓慢。因为培训工人的过程过于漫长，宝石钟表厂的经济压力很大，但欣慰的是这一工作还是在向前推进。到了1923年，宝石钟表厂所雇用的工人达到100名，随着技术的逐步掌握，可以形成年产7,000台座钟的生产能力，从那时起，企业才开始有所盈利。随着此后技术的不断更新，宝石钟表厂也不断得到壮大和发展，企业所雇用的工人也越来越多。直到现在，宝石钟表厂所雇用技术工人和学徒已经超过200人，年产量已经达到3万台，其销售市场主要是广东、福建、九江、长沙、汉口、宜昌、安庆、南京、宁波、上海、河南、汕头、青岛，以及胶东地区。

到了1927年，宝石钟表厂最初的那批学徒工，就已经基本成为熟练技工，许多技工就开始离开宝石钟表厂去创立新的钟表企业，于是在烟台又出现了几家钟表企业，比如永康钟表厂、永业钟表厂等，此外，在天津还开办了北洋钟表厂，这些企业的技术骨干，都来源于最初的宝石钟表厂。但是今天，这些企业所生产的产品，对宝石钟表厂来说又构成了残酷的竞争。自从宝石钟表厂创立以来，至少有2,000人，或直接或间接地通过宝石钟表厂，掌握了钟表制造技术。

▶ 图中右边的宝塔就是烟台的最高点，要想到达那里，需要两个小时的辛苦攀登。它位于澧泉啤酒厂附近

▶ 日光浴，需要注意的是，这个年轻女子头上戴的是中国传统式样的草帽

到了1931年，李东山先生旗下的企业统一名称，决定将以前以宝石钟表厂名义开展的业务，全部统一为德顺兴，宝石钟表厂也改名为德顺兴造钟厂。此外，也归功于企业大量的市场开拓和公关工作，德顺兴造钟厂先后从中央政府的工业部以及各类综合性和专业性博览会上，获得了许多殊荣。

在德顺兴造钟厂的具体生产中，大部分工作都是在技术熟练的老工人监督之下，由年轻的学徒工来完成的，一部分必需的原材料主要从德国进口，但绝大部分工具和设备，则是中国人自己设计和制造的，所以就整个车间来讲，体现出一种更加原始的氛围。

▶ 鲜花盛开时的烟台吸引了成千的“艺术爱好者”，这张照片实在也没办法全面客观给读者展示烟台梨花盛开时的美丽

▶ 由于价格低廉，中国的钟表生产有很大的优势，其产品在中国和东亚市场很有竞争力

烟台生明电灯股份有限公司

城市的公共设施，比如供电、供水、电话、邮政等，同这个城市的进步和发展紧密相连。如果以当地的工业水平为标准，烟台无疑在这方面有很大的成绩。从 1914 年开始，烟台就能够生产 80 到 100 千瓦的电力，烟台生明电灯股份有限公司建立后，其电厂发电能力达到 12,000 千瓦。它所提供给城市照明和生产动力的电荷能力远远高于其他中国的沿海城市，但是现在随着线网建设的基本完成，其收费价格也期待着能做出相应调整。

在初期，烟台生明电灯股份有限公司资本只有 5 万墨洋，只能提供 500 家用户的用电要求，而到现在，公司资本已经达到60万墨洋，根据公司的登记，已经可以提供5,000家用户的用电要求。

在最初，烟台生明电灯股份有限公司所生产的电能，只能提供城市夜晚的照明要求，但到1924年，公司发电量就可以满足这个港口城市全天24小时不间断的用电要求，这一变化，不用说，也大大增加了公司的收入。

烟台生明电灯股份有限公司的效益，相对于这个港口城市其他的小企业，可以说是非常让人羡慕的。每个月煤炭和燃油的消费量大约分别是500吨和20加仑。雇佣员工62人。关于燃料的低消耗，主要归功于近来使用了先进的巨大的现代化设备，取代了过去陈旧的设备（其中有些设备已经运转了21年），此外，还归功于安装了节能设备，比如燃油净化器等。同时，在过去，烟台生明电灯股份有限公司不得不完全依靠外来的配件和耗材，但现在，公司有了自己的机修车间，可以做到更少的消耗和更经济的维修。

▶ 烟台生明电灯股份有限公司职员合影

▶ 烟台生明电灯股份有限公司的电压转换柜

▶ 烟台生明电灯股份有限公司发电厂职员合影

▶ 冰封的烟台

虽然烟台生明电灯股份有限公司是由中国人完全所有,但公司的建造和设备安装,则完全是使用了日本的技术。在最初,设备的运转也是在日本工程师的指导下进行的。虽然他们之间的合同没有重新签署,但现在,已经没有日本人参与公司的运行了。鲍姆戛特纳(O. A. Baumgartner)先生现在是公司的总工程师,在他的英明领导下,公司目前不管在服务水平和经济效益上,都有相当大的发展。

在1936年,我们将再次目睹烟台生明电灯股份有限公司的重大发展,公司的发电厂将安装一台2,000马力的涡轮发电机,取代四台旧式机组。这一举措将再次降低生产成本,也期待着能将一些成本的降低回馈到消费者身上。

烟台生明电灯股份有限公司的总工程师,鲍姆戛特纳先生,他第一次来中国,是作为荷兰治港公司的一名工程技术人员在葫芦岛从事工程建设。在中日之间战争爆发后①,荷兰治港公司的工程全面停止,鲍姆戛特纳先生只好转向新的领域,来到烟台。他对烟台生明电灯股份有限公司在设备技术上的提升做出了突出贡献,为公司创造了大量的经济效益。同时,鲍姆戛特纳先生还特别专心学习了汉语,已经能够流利使用。鲍姆戛特纳先生1901年出生在德国,已婚,有一个孩子。

崔葆生先生,山东省本地人,54岁,在烟台生明电灯股份有限公司担任多年的执行董事和经理,同时他还是烟台重要的商号福裕和的经理,也是烟台中国总商会的会长,后面这一个头衔可以进一步说明他在烟台工商业界的影响。

烟台生明电灯股份有限公司的领导者们,正在致力为烟台的未来发展提供更充足的电力,在烟台,完全可以相信,在以后的发展中,电力将不会成为制约城市发展的障碍。能够证明公司的发展和管理者的仁爱的是,在今年,仅给雇用工人发的额外津贴,就相当于工人平常三个月的工资。

▶ 烟台生明电灯股份有限公司经理崔葆生先生

▶ 烟台生明电灯股份有限公司总工程师鲍姆戛特纳先生

① 这里所指,是爆发于1931年"九·一八事变"日本占领东北。

▶ 烟台生明电灯股份有限公司总部

大花生

大花生，人们更习惯于称为落花生，在中国种植已有几百年的历史了，在山东省，估计去壳后的花生米的年产量超过 30 万吨，河南和直隶也是大花生的主产区，其产量紧随山东之后。此外，福建等中国南方省份也有不少的产量。在过去的十年中，东北南部地区也成为重要的花生生产基地，现在，在这里也有大面积的花生种植。

在山东，大花生的种植，播种一般是在每年 5 月，收获则是在每年 10 月。花生种植并不需要肥沃的土地，在贫瘠的沙地上就可以种植，在烟台，花生就大量种植在干涸的河床和海边的沙土中。因此，花生种植也给当地的农民一个增收的机会，因为这些贫瘠的土地也不能用来种别的什么作物。总的来说，每 1,000 平方米的土地上，可以出产 400 到 1,000 公斤果实，此外，还可以收获 600 到 1,200 公斤的干草。而在每1,000平方米的土地上，只需要75到100公斤的花

▶ 大花生的晾晒

生种子。在以前，只有少量的本地花生品种有种植，但是现在，果实更大的美国佛基尼亚品种完全取代了本地品种。

仅仅在第一次世界大战爆发之前，因为对外出口的原因，中国的花生生产和加工就已经达到了它的最高点。每年的出口量大约是带壳大花生 7 万吨，花生油 5 万吨。有超过 40% 是从青岛出口，因此，山东成为中国最大的花生供应省区。

烟台的花生出口，其目的地主要是欧洲各国、北非和加拿大。美国虽然是一个大买主，但因为它的高昂的保护性关税，使得山东大花生往美国的出口几乎完全停止。

大花生从烟台向外国出口已经有好多年的历史了。从欧洲前来烟台专门运输大花生的轮船，至晚在 1923 年 11 月就已经停泊在烟台港了。今天，有大约 90% 的欧洲货轮（正是它们将这种外观并不很漂亮的货物运往欧洲），通常都要在烟台停泊。

发　网

发网这种产品，在最初介绍给那些几乎永远都在追求美丽与装饰的女性时，还是并不被人们所熟悉的。有些人曾宣称这种东西是欧洲人的创造，但是事实上，就像在此之前的许多类似发明一样，比如印刷术和水手所使用的指南针，发网的起源，也同样来自中国。众所周知，中国妇女在成百上千年以前，就戴过黑色的网状织物，以用来区分已婚妇女和未婚女子。佩戴丝绸纱巾和发网，特别在现在的中国女学生中，依然是非常流行的，依然被看作是漂亮的装饰品。

丝巾在欧洲的生产，至少有 50 年的历史，并且一直持续到现在，现在主要是在法国采用尼龙原料用机器生产。然而，对于最高级的发网，要符合不易看到和有韧性的特点要求，丝巾的生产工艺必然要被前者所取代。

在欧洲战争爆发之前[①]，发网贸易并不是很繁荣，发网的生产，主要是由一

① 这里指第一次世界大战。

些德国商人所控制，他们的生产基地，主要在捷克斯洛伐克西部的波希米亚和法国东北部的阿尔萨斯—洛林地区。大约在30年以前，这一生产技术被他们引入至山东，这个以拥有大量丰富和廉价的劳动力而闻名的省区。在那个时候，发网的生产，主要还局限在山东的一两个地区，每年的总量只有几千，然而到了今天，其总产量几乎已经达到天文数字，甚至很难得以精确统计。在当时，发网被认为仅仅是有钱富人的奢侈品，对于普通大众其价格是相当昂贵的，而现在，随着其价格的降低，在社会上也得到进一步流行。

▶ 编织发网

也有人宣称，是天主教布道团的修女，第一次将发网的编织技术传到中国的山东省，这一事件，发生在发网成为重要的商业化产品之前的很多年。

欧洲战争的结束带来了一个新的世界秩序，同时也给山东，特别是作为港口城市的烟台，带来了一次难能可贵的工业发展的机会。现在，实际上几乎在山东的每一个重要地区，都有发网生产。这一工业的发展，惠及了成千上万的从事这一产业的工人，他们以此为生计，甚至是最主要的生活来源，特别在发生干旱或洪涝的灾期。

山东省的总人口大约有4000万，据估计，其中差不多有近四分之一的妇女，或多或少在从事发网生产，或其他手工业生产，例如花边和刺绣，在手工生产方面，她们非常擅长。从事这些生产的工人都是女孩子或年轻妇女，她们聪明灵巧、吃苦耐劳的特点，在世界其他地方罕有。其实她们的主要工作还是耕种，这些手工业生产被形象生动地称之为“家庭工业”，她们在没有农活时，就可以在家里方便地进行这些手工业生产。

目前在山东省，发网生产是最主要的家庭手工业门类。在1934年，其出口总量大约是600,354罗（计数单位，1罗=12打，或144个），其中，有22.5%是出口到美国，以满足那里日益增长的市场需求。

一个有趣的故事是，当美国在第一次世界大战爆发后正式参战时，军队的医疗机构建议护士们都能带上有橡皮筋的头套，以保持她们头发的整齐。但护士们在执行这一命令时，她们采取的办法是使用用人发织造的不容易看见的发网。这是第一次在美国刺激了发网的市场需求。从此以后，发网成为美国妇女每天梳妆时不可或缺的东西，只有用发网可以让她们每天在任何情况下都保持整齐的发型。在欧洲和美国的工厂女工，现在也逐渐成为发网的一个重要消费群体。

在织造发网的过程中，只有那些经过整理后有足够的长度和良好质量的头发才能使用。发网的编制结扣同渔网的结扣有些近似。足够的长度，是指那些不短于28英寸的头发，用这些头发来编织，才能织造出尽可能没有多余接头，并且结扣大小均匀的优质发网，这比那些用短头发织造出来的发网质量好多了。

发网的生产在山东省非常普及，其产地非常广阔，在烟台方圆超过500英里的地区内都有生产，它们要运到烟台甚至需要2周时间。在收购的时候，根据不同的尺寸和颜色，要通过一个严格的检查，然后将它们一罗一罗包装好，运到烟台。到了烟台后，发网还要在出口商的检验中心再次接受检查。

然后，这些发网被一罗一罗包装好，在被装箱出口之前接受最后的检验。在这一系列检验过程中，以每天工作10小时计算，一名工人一天只能检验一罗发网。虽然检验的程序非常复杂，希望能够100%地保证在装箱时发网的良好质量，但由于发网原料的纤细脆弱，经常发生到目的地后发网破损的现象也并不奇怪。

▶ 一个典型的发网检验中心，发网正在接受检验。如果发现发网有破损或掉色，工人立即将其剔除，并用挂在胸前的头发替换破损的部分

烟台是发网产品的出口中心,因此与此相关的各种活动,比如生产、检验、出口等行业高度集中。这里建有庞大的专门为出口服务的检验中心,成百上千的年轻女孩子和妇女受雇于此,专门进行出口发网的检查。

作为世界范围的经济萧条影响的结果,今天发网的价格和以前相比可以说已经一落千丈,从过去的每罗 8~9 墨洋,到现在仅仅 40~90 文,即使是根据颜色分类最好的优质品,现在也仅仅是每罗 1.40 墨洋。与此相对照,在世界大战期间,发网的价格几乎跃升了 400%,但在此后不久,又回落到了通常的价格。

虽然其他国家的发网需求也有不少,也占有不少比例,但从总量上来讲,美国和法国则是烟台出口发网的最大消费国,占有很大比例。

头巾和帽子

在各种山东省家庭手工业生产的商品中,在围绕烟台 150 英里范围内的地区,头巾和帽子是不应该被忽视的商品,因为它越来越成为当地居民一条重要的生计方式。

准确地说,烟台大批量出口这种商品只有 5 年时间。在上海南面的城市宁波,在之前 50 年的时间里,几乎垄断了头巾和帽子的出口业务。在当时,头巾和帽子被轮船大量地输出到别的国家。今天,宁波在头巾和帽子的出口中依然占有领先地位。在最初,这种帽子的大规模生产和出口,是找到了它的目标消费人群,特别是国外一些低收入阶层,但是现在,随着其原料档次的提高和制作工艺的提升,逐渐成为一种工艺品,因此也有很高的价格。

总体来说,在烟台当地,由于妇女和女孩子们的聪慧和灵巧,这一家庭工业现在在这里已经发展到了非常高级的程度,以至于在近 30 年来,即使原料是从菲律宾进口的专门编织高级头巾和帽子的金丝草,其产品的利润依然是非常可观。对外行人来讲可能会感觉非常奇怪,然而事实确实是这样,山东的产品在许多方面比

▶ 一位外国商人正在检验货物

▶ 帽子装箱出口之前的检查和整理

菲律宾、宁波,以及日本的产品都要好出许多。山东的金丝草头巾,现在世界闻名,作为一种高档商品在国外有很旺盛的需求,其消费市场主要在英国、法国和美国,从烟台港出口的数量就非常的可观。在烟台,现在只有5家外国公司和1家中国公司在从事这一商品的出口业务。

这种产品在宁波的贸易主要控制在几个历史悠久的外国公司和中国公司手中,虽然山东的产品被认为具有更好的制作工艺,但有些消费者还是更愿意去购买宁波的产品,因为宁波产品价格比山东产品低,具有价格优势,而这一现象,则是因为在山东需要较高的人工成本。一般来说,一个工人需要2到3周才能编织完一条头巾,根据不同的类型和尺寸,为此需要付给1到2墨洋。除了用菲律宾金丝草编织头巾外,在山东还有用巴厘岛金丝草和波罗麻(从一种麻类植物中提取)来织造的头巾。头巾和帽子这两种商品的生产原料基本上是相同的,但编织的方法却有一些不同。

下面这一组可以相对比的数字,是从烟台出口商的统计资料中节选的,从中可以清楚地看出,这一家庭工业近年来在山东有很大的发展,其中最主要的原因,就是烟台逐渐成为这一商品的最新的出口中心。

时间	金丝草的进口(单位:担)	头巾的织造和出口(单位:件)
1931/2	700	40,000
1933	300	50,000
1934	600	100,000
1935	1,000	100,000

备注:1担=25公斤,可以生产220件,其中包括损耗。

花边和刺绣

作为一种家庭手工业，在近40年来，专门以出口为目的的花边和刺绣的生产，在烟台以及山东东部地区，对于一个家庭的财富收入起到了非常重要的作用。特别对于这些地区的女性居民来说，其中的很大比例人口就是主要依赖这一方式来得到收入，这种现象在过去是这样，现在依然是这样。

花边的织造技术最初传入这一地区，是大约在1890年由一对名叫赫士(Hayes)的美国夫妇开始的。赫士夫妇是美国长老会传教团的成员，最初他们只教会了3个中国女孩子一些简单的样式。但是，花边这一手工业真正发展成为商业化生产，则是在1893年由已故的詹姆士·马茂兰(James Memullan)夫妇创办了基督教会手工学校(the Industrial Mission School)之后①。

▶ 编织花边

詹姆士·马茂兰夫妇开办这一学校的目的，是为了能给这些中国女孩灌输基督教思想和教会她们一些实用的技术，以便使她们能够通过花边生产，支付她们的食宿和教育费用，同时也让她们在日后能有一个谋生的手段。实践证明，学校取得了巨大的成功，这一手工业很快在全省得到推广，已经毕业的学生带着她们在学校学到的技术回到她们的家乡，自然很快将这一技术也传播到了那些内陆城市和乡村。为了给教会手工学校生产出的产品找到一个销路，马茂兰先生成立了一个以他们名字命名的公司，即"詹姆士·马茂兰公司"(James Memullan & Co., Ltd)②，正是因为马茂兰夫妇这两个组织的成立，使得他们成为烟台花边这一手工业发展的真正开拓者和推动者。

随着山东居民在经济状况上的逐步改善，当时从培养手工技艺角度而成立

① 即后来的培真女校。

② 中文名称为"仁德洋行"。

▶ 教会手工学校的创建者和烟台花边工业的开拓者、推动者——已故的詹姆士·马茂兰夫妇(1860－1916、1864－1923)

的教会手工学校就显得越来越失去了其重要性,因此,在过去的20年中,这一学校的功能也逐渐转变为宗教传播和学校教育。但是,这并没有影响到花边这一手工业成为大规模的商业化生产,并且其生产工艺和技术也得到不断的发展,从最初的方网眼花边、镶边花边产品,到梭子花边、勾针花边、棒槌花边、爱尔兰花边、瓦棱森花边(Valenciennes,一种法国高级花边)、马耳他花边、古典式花边等多种样式,品种得到不断丰富。

▶ 工人们正在从事刺绣生产

刺绣这一手工产品制造的发展道路和花边生产的发展道路是不太一样的,虽然在1920年以前,也有少批量的刺绣产品已经开始生产,当时主要是在丝绸或一些麻布上进行刺绣,但一直到15年前,随着各种亚麻材料的进口,刺绣产品的原料进一步丰富,才推动了这一手工产品的大规模发展,也才发展到现在的这一规模。

世界潮流的不断变化,也使刺绣产品的类型和品种不断得到调整和改进,近些年来,镶边花边产品的需求就大规模下降,但是取而代之的是,一些精巧的、厚重的方网眼花边和花边段的流行,还有就是刺激了刺绣产品的大规模市场需求。

虽然现在许多公司都在从事花边和刺绣等手工产品的出口贸易,但是花边工业的开拓者詹姆士·马茂兰公司,仍然在市场竞争中保持着领先的地位。

花边的出口,主要是销往英国、南非和南美,然而刺绣的出口市场,则主要是美国、印度和荷属东印度群岛。其中只有10%到20%是销往其他国家,特别需要说明的是,几乎没有一件销往日本和俄国。

醴泉啤酒厂

现在在中国,虽然有很多啤酒厂,但由中国人自己拥有的只有两家,这就是北京的双合盛啤酒厂和烟台的醴泉啤酒厂。

烟台醴泉啤酒厂创建于1920年,是由王益斋先生创建。工厂最初投入资金30万墨洋,现在,资本已经达到大约70万墨洋。

▶ 醴泉啤酒厂厂区全景和周边环境

菲斯奇(M. J. Fischer)先生,自1894年开始[①],就涉足啤酒酿造领域,曾经在德国和俄国的一些大型啤酒厂有过从业经历,拥有瑞士国籍,56岁,四年前,他来到中国上海,计划在那筹建一座啤酒厂,但这一项目因日益升级的中日冲突以流产告终。此后,他来到天津,供职于天津啤酒厂,并在那服务了两年时间。

① 原文为1849年,恐怕是笔误,应该是1894年。

1935年,他来到烟台,担任醴泉啤酒厂酿造主管和生产经理,已婚。

▶ 醴泉啤酒厂酿造主管和生产经理菲斯奇先生

醴泉啤酒厂占地约25亩,坐落于烟台西山,离市中心商业区和港口约5英里。现代化的生产设备,就安装在那些具有中国特色的厂房里。

除了啤酒以外,醴泉啤酒厂还生产冰块和加二氧化碳的汽水。如果开足马力生产,醴泉啤酒厂拥有年产8万箱啤酒、2万箱汽水和1.8万吨冰块的生产能力。

醴泉啤酒厂正准备进一步扩大其生产规模,为此,一个重要的步骤就是准备安装一台发电机组,以满足其自身不断扩大的用电要求。

▶ 醴泉啤酒厂职员合影

▶ 醴泉啤酒厂啤酒生产的蒸煮流程，旁边是巨大的气锅

▶ 醴泉啤酒厂冷藏室

茧绸、柞丝绸和废丝

用野蚕蚕茧缫出的丝来织造的茧绸，又称为山东府绸，这是山东一个重要的民间传统工业，已经具有差不多4,000年历史了，可以说虽然这么多年过去了，但即使在今天，所采取的方法和工艺，与这一传统工业最初的形态，几乎没有什么发展变化。

养蚕业。蚕茧每年能有两次收获。如果不把蚕茧用来缫丝，作为留种继续保留，每年四月，蚕茧里的蚕蛾大约只需要4到5个小时就可以完成羽化，展开和晾干翅膀，完全发育成熟，由于这时它的嘴已经开始萎缩，所以不能再吃东西。

▶ 一条蚕正在柞树上吃叶子

然后它们开始交配，交配之后不久，雄蚕蛾就死了。在交配结束一天之后，雌蚕蛾就开始在擦干净的柞树叶上产卵，此后一周之内也会陆续死去。在通常的气候下，这些卵10天之后开始孵化。蚕苗孵化出来后，这些像小虫子似的东西就立即可以大吃这些柞树叶，像这样猛吃柞树叶要持续45天时间左右。在这期间，由于这些小蚕虫大量吃树叶，所以它们长得非常快，以至于每过一两周，都要蜕一次皮，以摆脱这些束缚了它们快速生长的旧皮。这样的情况重复4次之后，它们的身体已经长到足够成熟了，它们就会选择一个合适的枝条，开始吐丝做茧。第一天，它们需要先织一个不规则的网，此后，就是将茧织在这个网上。就商业角度来讲，这个不规则的网，就被称作废丝，是可以用来被纺织利用的。这一工序在美国和欧洲都在使用。在第二天，真正的作茧工作就开始了，而到了第三天，蚕织的茧几乎就已经将自己包裹住了。做茧的过程，一直要持续大约整整一星期。蚕茧的这一次成熟，大约在6月，被称为春蚕，其蚕茧就被称为春茧，就质量上来说最好，但其产量则是最少。除非将包在蚕茧里的蚕蛹杀死，否则，在每年7月，这些春茧就会重复前面所描述的这一过程。至9月第二次成熟收获，就被称为秋茧，虽然这次蚕茧的产量要比春茧大，但其色泽发黑，质量没有春茧好。

▶ 一个缫丝工人正在缫车旁工作。这种原始的手动缫车已经使用了几千年

缫丝。在蚕茧中的蚕蛹，为了防止它们咬破蚕茧，要将它们杀死，否则，就无法在缫丝厂缫出成捆的生丝。杀死蚕茧中蚕蛹的办法是先将它们浸泡在苏打水中，保持高温煮24小时。然后，这些蚕茧变得柔软，其中的粘液物质和蚕丝就能够分离，于

▶ 当地一个典型的缫丝厂

是,就将这些蚕茧捞出,放到一个干爽的台子上,其中的蚕丝很容易就能被缠绕成捆了。缫丝的设备是由一个脚踏板来操纵控制,不同的蚕茧中抽出的丝头被绑在一起,并同时穿过一个在其中心有个圆洞的圆形的瓷片。然后,就将这些丝线缠绕在头顶的线轴上。因为这时的蚕丝依然保持着潮湿和胶粘,其中还是有许多自然的丝胶物质,虽然并没有将它们纺成丝线的这一工序,但由于天然的粘性,它们已经自然粘结在一起而形成了丝线。

缫丝工人每一次要将大约150个蚕茧放到一个盒子中一起缫丝,每个工人一般每天可以缫出这样8盒蚕茧。

这些蚕茧,大约能缫出16.5万码长的八支丝线。缫丝工人还要将废丝从蚕茧中分离出来,一直到将丝从蚕茧中抽完,将断头接好,并且保持丝线中各股的完整以及自由的缠绕,然后将缫完的蚕茧残留物清理出来。

▶ 包装准备出口的生丝

清洗和上浆。在蚕丝缫好之后,还要将这些蚕丝浸泡在煮过大豆的水中煮泡,这一工序的目的是为了进一步清洁蚕丝,使其在纺线时能够很好地绞合。

从业方式。山东的丝绸业,在很大程度上来说,是以遍布乡村的生产加工农户为代表的，在农户家中，往往不止一部织机，特别在昌邑地区。此外，在牟平和栖霞地区，也有大量的小型丝绸厂，一般拥有10到20部织机。一般的生产方式是，丝绸原料分发给当地的织工，织工们织好后，再将成品送给丝绸厂的老板，因此，保持了传统的家庭手工业的特点，而与其他地方的生产方式截然不同。

烟台是柞蚕，或者说野蚕（Antheraea Pernyi）丝绸的起源地，也因此才有柞蚕丝绸的出产。之所以称其为“野蚕”，是为了与在家庭饲养的吃桑树叶的桑蚕（Bombyx Mori）加以区别，它们二者的区别是，后者要将桑叶采到家里来喂养，而前者则干脆就在柞树枝条上生长，而它们实际上也就是在那里孵化的，并且也就是直接在那里产卵。

因为这一丝织工业在国外商人中间非常有影响，而烟台作为柞蚕丝绸生产的中心，这里出产的这种柞蚕丝绸产品，就被称之为“山东府绸”或“宁海府绸”。

海关数据显示，从烟台港出口的柞蚕丝绸产品，前面7年的统计数据是（以100磅为单位）：

1928年：4,460；

1929年：4,450；

1930年：4,886；

1931年：5,653；

1932年：4,520；

1933年：3,436；

1934年：3,859。

▶ 当地丝织厂内部情形

▶ 正在晾干柞蚕丝绸

草 辫

自从1862年烟台根据条约规定成为对外开埠口岸以来，商人们就发现了一个重要的当地手工业门类，这就是将草管编成细辫，然后再编成草帽，这种草帽在中国人中使用非常频繁。外国商人们很快就发现了这一商机，那就是将这种草辫出口到欧洲，于是，轮船装载着草辫在很早就开始漂洋过海，草辫的出口最早也就这样从烟台开始了。这些草辫根据不同特点都有不同的名称，这些名称因此也被广泛流传，比如"烟台白"、"烟台杂色"、"粗面"、"珍珠边"等等。这些在贸易过程中使用的名称，后来都发生了变化，这种变化下文中将会提到。

在出口开始的早期，草辫是按照其重量来进行交易的（单位是"担"，约等于133.3磅），但这种方法很快就被废除，因为编织工人很快就发现如果将草辫浸泡在水中，就可以大大增加它们的分量，必然的结果就是在草辫运往欧洲的长途旅途中，草辫往往就会腐烂掉。此后又尝试以"包"为单位来进行交易，但是又没有制定出每"包"的具体衡量标准，只能是规定一定的数量和一定的长度。后来，终于通过了一个标准单位并被大家所接受，现在，每一包草辫的数量，是240或480条，每一条30、60或120码。这一标准也被中国的编织工人所明确接受。

草辫最初的样式，都必须是由完整的草秆编织的，但是随着以后工艺水平的逐渐提高，源自瑞士和意大利的某些精巧样式逐渐被引进。为了使草辫更加轻盈和精巧，单个的草秆开始被剖成几片，然后用这些更纤细的草片来编织更高等级的样式，称为“劈草辫”。作为产品的升级换代，意大利的“踏板”样式，逐渐被莱州的“斑点”样式所取代，并且很快就发现在世界市场深受欢迎，供不应求。

因此，草辫产业在对外贸易的刺激推动下，得到了极大的发展，以至于现在几乎成为山东北部和中部大量人口的一个重要经济来源，甚至这一手工业还扩展到其他一些省份，主要是在直隶和陕西。事实上，只要是有小麦生长的地方，就有草辫产业。

随着一个非常重要的草辫交易市场在烟台的建立，天津和上海的出口商也被吸引到这里，但是随着后来在青岛也建立了这样一个市场，青岛则变成了又一个重要的草辫交易中心。更重要的是，随着山东铁路（胶济铁路）的竣工，因为有更方便的交通设施，草辫的主要贸易中心也从烟台转移到了青岛。在第一次世界大战爆发以后，日本人包围了青岛，并且最终占领了这座城市，因此其贸易路线也发生了改变，烟台再次成为草辫的重要交易市场。但这再次的繁荣也仅仅是暂时的，还是因为烟台没有铁路与内地相通这一障碍，使得烟台不可能保持其中心贸易市场的地位。也许随着正在探讨的烟台——潍县铁路项目的推进，很有可能，烟台这座港口城市，将能够再次树立起自己作为一个草辫中心市场的地位。

草辫在山东的主要生产中心，是在济南以东和烟台以西的这片区域，最核心的区域就是山东北部的沙河、莱州、平度、昌邑、寿光和阳信，从烟台出口的主要也是这些地区的产品。就这些生产中心来说，只有位于平度以北的莱州，属于烟台地区。从这些地区生产的草辫，一般都是先汇集到沙河，在那儿，这些产品经过再次的分类、包装，然后运到潍县，再通过山东铁路，运输到青岛或天津的市场。寿张、朝城、观城是山东省西部的草辫生产中心，而宁阳、马头集（郯城）则是山东省南部的草辫生产中心。山东北部地区生产的草辫质量最好，烟台地区生产的产品质量也不错，这些产品在烟台市场都有交易。滚边以及用剖开的草杆编织成的各种精巧样式的草辫，也产自这一地区。莱州杂色草辫，以及产自济南以西的寿张等地的杂色草辫，不再出现在烟台交易市场，它们都通过铁路，或者被运到了青岛，或者被运到了天津。朝城和观城杂色草辫，同莱州杂色草辫一样知名，是山东西部的另一个主要草辫样式。在山东铁路修建之前，这些地区的草辫都需要先运到莱州，然后在烟台进行交易。山东南部的草辫生产中心显得不怎么重要，滕县生产少量的杂色草辫，宁阳也出产一些，它生产的主要有两个品种，一个叫宁阳白，另一个品种有点意大利风格。马头集在最初也大量出产具有意大利风格的草辫，过去也主要在烟台进行市场交易，同时也通过小船直接运到上海,但是现在,这一样式已经过时了,产品也已经退出了市场。

在德国人占领胶州半岛期间,对草辫这种产品的生产,在青岛附近地区曾做过大规模很有力度的推广,但效果并不是很好。

所有山东出产的草辫制品,都是由小麦的麦秆制作的,只有很少的一部分样式比较质朴的草辫是由大麦麦秆制作。国外市场对草辫产品的需求,主要决定于样式以及流行趋势,很有可能,在以后某个时间,还会有某种新样式的草辫受到更大的欢迎。

总体来说,草辫产品在美国市场的售价要高于伦敦市场,另外一个特点是,在通常情况下,当某种样式的产品在美国开始逐渐滞销时,恰恰相反,在伦敦市场却刚刚开始流行。因此,经常的情况是,当美国商人已经停止从中国直接进口某种草辫产品时,就把这些在纽约市场开始滞销的产品拿到伦敦市场去销售。法国市场对草辫产品的需求也很大,消费中心高度集中在巴黎。就世界范围的地区市场来讲,草辫产品的消费主要是在纽约、伦敦和巴黎这三大城市。

用来编织草辫的草秆,有一定的长度和粗细要求,在编织过程中,也只能完全用手工,草秆在编织之前首先需要用水弄潮湿,这样以保证它有一定的韧性。相对来说,只有少量的草辫是用完整的草秆编织的。通常首先要对草秆进行加工,先在草秆中间插入一个锋利的尖尖的工具,然后用数量不等的小刀将草秆剖开,这样草秆就被分成了宽窄相同的几片。质量较好的草秆可以分出 3 到 5 片,更粗一点的草秆甚至能分出 7 片。然后就可以根据不同的样式,采用不同的技法,编织出前后宽度一致的草辫。草片末尾的接头,还要剪去。最后完成的草辫要在一个特殊的工作台上将它们缠成卷,草辫是一圈圈缠在两根木柱上的,每圈缠到一定数量时,从旁边再开始另外一卷,但之间要留出 16 英寸的距离。这种包装的方法不仅在于可以检验草辫大小统一,同时也是计量草辫的快捷办法,通常的对应关系是:

圈数	卷数	长度(单位:码)
2	15	30
3	10	30
6	10	60
15	4	60
6	20	120

将草辫用这种方法包装好后，就放在一个特殊的硫酸盒中进行漂白处理。盒子下面放着硫酸液体，加热后生成蒸汽，草辫就是被这些蒸汽漂白的。在市场交易过程中，这一漂白的程序其实并不被认为是必需的，因为到了国外，这些草辫在被加工成帽子或草篮等物品前，还是要进行这样的操作。在草辫经过这样初级的漂白工序之后，被送到最近的集散中心，在那它们要再次经过分类、包装等程序，然后就被送到设在天津、上海、青岛或烟台这样的中心市场。在那它们还得被重新拆包，根据其质量做进一步的分类和分级，甚至其长度测量要精确到毫米。然后将同样质量、样式、尺寸的草辫打包在一起，由轮船运到国外。高等级的由剖开的草片编织的更为精致的草辫一般是小心地装在木箱中由轮船外运，而材质和做工稍显粗糙的草辫则是装在大包中运输。

在1904年山东铁路建成之前，烟台无疑是草辫销售的最主要交易市场，各地的草辫都由牲畜运输到这里。但随着铁路的开通和青岛的发展，烟台的地位开始一落千丈，草辫交易中心也慢慢转移到了青岛。在烟台还是草辫出口贸易中心的时候，下列的一些对比数据就很能说明这一问题：就草辫产品来说，烟台内贸与外贸总交易量，1917年还是1,093,172美元，1918年是1,264,523美元。但现在，曾经出现在烟台的这一贸易的繁荣景象几乎已经荡然无存，下列的海关数据就可以充分说明：内贸与外贸总交易量，1933年只有59,348墨洋，而1934年则是44,666墨洋①。

▶ 烟台草辫贸易高潮时的景象

① 在原文中，上下两组数字的货币单位就不一致，上面是美元（US. $），下面是墨洋（M. $）。

▶ 草辫的检验和分类

瑞丰面粉公司

瑞丰面粉公司创建于1921年，拥有资本29万墨洋，成功运营已经有14年了。公司拥有从国外引进的现代化加工设备，雇用工人大约有40人。

瑞丰面粉公司每年大约只开工5到6个月，但在从初秋到初夏开工的这几个月中，则是一天24小时不间断开工。在最初，公司的年生产能力是大约18万袋面粉，每一袋重40斤，相当于53磅，这些产品几乎在烟台及其周边地区就可以被销售一空。

山东的面粉加工企业相对来讲非常有限，具有现代化加工能力的只有11家，其中3家在青岛，7家在济南，1家在烟台。因此从道理上可以说，瑞丰面粉公司的产品销路应该不成问题。然而事实却不是这样，即使在烟台市场，瑞丰面粉公司的产品并不具有垄断地位，其它品牌的中国生产面粉在市场上也有销售。

▶ 瑞丰面粉公司

通益精盐公司

虽然中国能够生产粗盐的历史可以推延到非常久远的过去,但使用现代化设备和方法加工生产精盐,则是到了 1912 年才被引入中国。中国的制盐工业虽然没有被政府所垄断,但却对这些企业征收很高的税,这是政府财政收入的最主要来源之一。

盐的生产有三种主要渠道,也就是海盐、湖盐和井盐。在前两种制盐方式中,所采用的方法都是阳光照射蒸发。在中国的四川省,井盐是用蒸煮盐井中井水的办法获得的,有些盐井在坚硬的岩石之下有近 3,000 英尺深。

烟台通益精盐公司是现在中国知名度最高的 14 家精盐制造企业之一,而且是全国第二大精盐制造企业。企业创建于 1921 年,总资本为 25 万墨洋,这些年来发展速度很快,现在其净资产已达 100 万墨洋。

烟台通益精盐公司提炼精盐,依然采取传统的"开池法"技术。在周边地区的年产量大约是 30 万吨,产品主要销往长江流域。公司还在天津和济南设立了办事处,但大约只有 1% 的产量是在山东当地销售。其中原因,一是因为在山东,消费者还是习惯使用粗盐;其次,政府对公司大规模销售精盐产品也有一定的限制。

精盐的提炼过程,既简单又很有趣,首先先将粗盐溶解成卤水,然后是杀菌、过滤、蒸煮、提炼这一系列程序。这些程序,是运用了现代化的、科学的方法来操作的,并且在最后的程序中,还要有化学检验。

▶ 烟台通益精盐公司职员合影

▶ 烟台通益精盐公司厂景

通益精盐公司拥有5座工厂,生产设备包括许多电子设备和其他现代化机器,还配有现代化的化验室。雇佣有装配工40名,生产工人160名。公司还为其职员和工人提供有宽敞、设备齐全的宿舍。有食堂、饭厅、澡堂、理发馆、阅览室、娱乐室以及医务室等。这些设施在中国的其他大型企业中都很难见到,但在这里却是免费提供给员工使用。

公司生产的其他产品,以及在生产过程中的副产品,在中国市场不怎么有影响。但其精盐产品,因为在生产过程中坚持连续的质量检验,保证了产品有足够的化学纯度,深受市场欢迎。

▶ 通益精盐公司的生产流程之一晒盐

▶ 通益精盐公司化验室

▶ 通益精盐公司总经理林镜汀先生

林镜汀先生，自1921年通益精盐公司创立以来，就担任总经理。最早，他是福建省福田盐务局的高级官员，在公司建立之前，他供职于利华棉纺厂（音译），担任经理助理，以及梅鹿罐头食品公司（音译），担任经理。通益精盐公司所取得的高效益，在很大程度上，归功于他个人的不懈努力。林镜汀先生是福建人，52岁，已婚。除了是一个成功的企业家，他还是一个知名的学者。

粉丝

粉丝的生产，在中国是一个巨大的产业，它几乎完全是手工生产。小麦、豆类和大米是所使用的主要原料①。在烟台，这一产业也许比中国的其他地方拥有更大的比例。在这里，粉丝主要是由一种绿豆生产出来的。汉口、厦门、汕头也是这类产品的重要生产中心。粉丝在中国的所有地方，都是一种重要的食品。

粉丝的生产过程非常简单。首先将豆子浸透，再仔细研磨，然后将它们放到一个大的坛子中，直到融于水中的沉淀物都集中在坛子底部，而像豆皮、豆渣等废物则在沉淀物和水之间，然后将这些废物从上面除去。之后，将在坛子底部的

① 这里作者明显是把中国的粉丝和米粉、面条等混为一谈了。

这些沉淀物用筛网过滤，然后将它们放在一块布上，将布的四角高高悬挂起来，以便使这些沉淀物中的水分能很快漏出。再将剩下的东西放在太阳下晒干，这些留下的东西（主要是淀粉）就是豆子的精华。接下来，将这些豆子的精华再次用水溶解开，把这些液体用一把有铜底的瓢舀起来（铜底有时是方的，有时是圆的），瓢的铜底上面布满小眼，将这些液体通过小眼注入沸水中。这些液体经过沸水的蒸煮，立即就变成了一根根的细细的粉丝，再将它们捞出投入冷水中冷却，最后将它们捞出在绳子上挂起来，直到将它们晾干（夏天被太阳晒干，冬天则是被冻干）。这样，粉丝的整个制造程序就完成了。

真丝废丝

（伪）“满洲国”从中国的分裂，不可避免地会在很大程度上影响到中国的总体商业活动。就烟台来讲，这种不利影响就有明显的表现。

特别在近几年来，最初开设在烟台的许多蒸汽缫丝厂大都迁往丹东及其邻近地区，其必然的结果，以在缫丝过程中产生的真丝废丝这种产品来说，其产量现在在烟台能得到的，就仅仅局限在当地的一些缫丝厂，真丝废丝是从用来制造柞蚕丝绸的柞蚕蚕茧缫丝过程中产生的副产品。

正如从前面知道的，真丝废丝是在柞蚕蚕茧的缫丝过程中得到的，虽然柞蚕蚕茧在山东有很大的产量，但在丹东地区（鸭绿江地区），其产量更大。在从蚕茧缫丝过程中，有一些蚕丝是无法从蚕茧中缫出的，缫完丝后蚕茧中留下的东西，就被称为真丝废丝。根据缫丝的方式，真丝废丝分为好几个级别，一种较原始的办法就是煮那些蚕茧，用这种办法，如果不能清理干净，由于在丝线中保留了大量的粘性物质，真丝废丝的质量就很差。在较好的一些缫丝工艺中，能生产出所谓的碎丝，丝线经过彻底的清理和清洗，这样的真丝废丝质量就较高。而有一些真丝废丝，则是从一些“病茧”中分离出来的，其质量就更差，因为其中含有大量的粘性物质，在国外市场上，这种真丝废丝只能在一些特殊有限的领域中使用。

在最近这 3 年来，对烟台本地真丝废丝的需求再次旺盛起来，相当数量的真丝废丝从烟台港口被运送到世界各地。这些真丝废丝，除了部分可以再次抽出蚕丝用来纺成真丝织物外，有一部分也和羊毛掺和后，织成天鹅绒、长毛绒以及绒大衣等。由于目前世界市场羊毛价格高挺，需要大量真丝废丝来作替代原料，只要羊毛价格继续居高，对真丝废丝的需求就会依然非常旺盛。

▶ 晾干废丝

酿酒产业

烟台是中国葡萄酒工业的发源地，这里出产各种品种的葡萄酒，特别适合于中国人饮用，这些葡萄酒可以说是远东地区所生产的最好的葡萄酒了。

▶ 烟台海滨风景，在图中可以看到圣安德鲁教堂，在照片左边，就是利顺德饭店

几个世纪以来，中国人主要是以大米和高粱为原料，制造出了各种品牌的白酒，但只是在近几十年来，他们才开始尝试将葡萄酿造为这种“杯中物”。根据一般的常识，葡萄酒的生产，是欧洲的传统工业，并且其生产工艺被严格保密，但是缘于一次偶然的事件，几乎难以让人置信，一个对酿酒一窍不通的门外汉，在烟台开始了葡萄酒生产，并且在烟台创建了中国最大的葡萄酒酿造公司。

▶ 烟台商业区，常常是聚会宴请的地方，其中几乎80%的酒楼是在夏天专门接待达官贵人的，在秋天他们离开后，这些酒楼就关门歇业了。这些酒楼的存在被认为是烟台商业繁荣的见证，同时也进一步促进了城市的繁荣

在1891年，张弼士，一位非常有进取心的中国人，当时居住在欧洲，偶然有一次作为嘉宾，参加法国驻荷兰领事的宴会，第一次忽然产生一个想法：在中国种植葡萄酿造葡萄酒。在晚宴进行当中，当酒桌上打开了一瓶产自法国波尔多地区的葡萄酒，在品尝了它甜美浓郁、甘香怡人的风味后，张弼士先生决定要回到他的祖国，在那里生产这种琼浆玉液，并且品质要和波尔多葡萄酒一样。于是，他向主人详细咨询了生产葡萄酒的各种细节信息，在充分了解了各种知识后，他回到了中国。回国后，张弼士先生选中了烟台，在烟台的小山斜坡上，花费了近300万美元购买了几千亩土地。然后，他又从几乎所有葡萄酒主产国购买了嫁接用的各种葡萄苗，从中选出了一些最适合烟台纬度生长的品种。在进行这些工作的过程中，他得到了一位著名的葡萄酒专家，奥地利人拔保(Earon Max von Babo)先生的巨大帮助。

现在在烟台生长良好的各种葡萄品种，都是从法国、意大利、德国、匈牙利、西班牙等国精选的品种，其中最主要的白葡萄品种有雷司令(Riesling)、琼瑶浆(Traminer)、霞多丽(Chardonnay)、麝香(Muscat)等，红葡萄品种有佳丽酿(Carignane)、梅鹿辄(Merlot)、蛇龙珠(Cabernet Gernischt)、品丽珠(Cabernet Franc)、赤霞珠(Cabernet Sauvignon)、蓝色佛朗克(Blaufrankisch)、味而多(Petit Verdot)等。

经过几十年的不断嫁接栽培，其中的一些品种已经非常适应烟台的气候和土壤，这些努力最终获得了今天的丰收和喜悦。现在，烟台葡萄闻名遐迩，其中，一些红葡萄品种所具有的优良的耐寒植物的一些特点，就是这样不断嫁接培育的结果。据说,这些都是世界上最好的品种,当然,这一判断也是和个人主观的喜好和品位有关系的。

▶ 美国亚洲舰队的部分战舰。从左数第一艘是舰队的旗舰黑鹰号(Black Hawk)号

土壤专家已对烟台葡萄园的土质多次化验,经过现代仪器和设备的认真化验,没有异议的一致同意,就葡萄生长的自然环境来讲,世界上没有任何一个地方的条件还能比山东更好。土壤的酸碱度适中,气候条件也非常理想。

许多在其他国家很少出现的植物病害,在烟台,对葡萄生长却也产生了严重的影响,比如葡萄霜霉病(Plasmopara Viticola)。为了防治这些病害,在一年中要多次喷洒含有硫酸盐和硫酸成分的药剂。通常情况下,每株葡萄的产量是 2 到 5 磅,这主要取决于天气状况,同样,葡萄汁中的含糖量正常水平应该在 19% 到 22% 之间,但有时候也会比这高。

▶ 烟台美丽的雪景

通常情况下，葡萄的收获采摘开始于九月初，一直能持续到十月末。采摘下来的葡萄，通常都是用极具中国特色的独轮车运到葡萄酒厂，一般每车装载12到15筐，每筐有40到50磅。

中国葡萄酒的生产，相对于欧洲葡萄酒生产来讲，在引入竞争机制方面要迟缓的多，但是因为也是采用了现代工艺和现代化设备，越来越多的国外消费者，对中国生产的葡萄酒也开始认同和接受。

第四章 交通运输和通讯

汽车运输，在山东相对来讲，已经发展到了一个较高的层次。虽然道路状况并不是尽如人意，但一个公共交通网络已经方便地将主要的城市和乡村联系了起来。

由于胶济铁路（从东到西贯穿山东中部）的便利条件，使山东省同中国其他省份的交通联系更加密切，也进一步促进了山东省同其他省份的商品交流，同时也给人们一个更加迫切的渴望，那就是在将来的某个时候，这条铁路可以延伸到烟台，使烟台也可以和全国的铁路网相连接。虽然中国中央政府部门在这一工程的推动上步伐非常缓慢，但是为这个计划的日后实施，一些准备工作已经在进行，比如烟台至潍县之间的公路建设，甚至动用赈灾资金就已经开始了，虽然这一项目，直到现在还没有完全完工。由胶济铁路连接烟台的铁路路基建设，在1924年就已经完工，其坡度设计完全符合铁路铺设的要求，但是由于资金缺乏，这一工程一直没有开工。于是，这条原本准备用来修建永久铁路的路基，甚至在表面连碎石都没有铺的情况下，干脆就对汽车开放了。我们也许还在设想，因为沿途经常的暴雨，这条借用的道路保持通畅几乎是不可能的，但事实却相反，这条道路因为有很周到的养护，通行状况非常良好。一般情况下，公共交通车辆就是利用这条道路，将烟台与设在潍县的铁路连接在了一起。

烟台至荣成的公路修建于1928－1929年。其中的烟台至宁海段是由士兵修建的，从宁海延伸至荣成段则是由当地民工完成。在1930年威海卫交还中国政府以前，这条公路对当地交通起了非常重要的作用，但在此之后，交通量明显减少。烟台与威海卫之间也有公路相连，两地相距60英里，同青岛的交通，也有一条公路相连，中间经过莱阳，烟台与青岛相距160英里。

▶ 烟台一座当地典型的公共交通站点

烟台与莱阳之间的公路修建开工于1930年春天，完工于当年秋天，是由士兵与民工共同完成的。

烟台当地没有铁路，没有可供航运的河流，也没有运河。关于烟台的铁路问题，后面有专门的章节将讨论。烟台有固定海路航线与上海、天津、青岛、大连、威海卫相连，每周有多个航班。正常情况下，从烟台到达上海需要48小时，到达天津需要24个小时，到达青岛也需要24小时，到达大连9个小时，到达威海卫4个小时。

中国政府已经建立了覆盖整个中国的陆上电话线网，电缆已经将烟台和世界联系在了一起。在这还有一个政府的广播电台，常常播发一些经济信息。

石油产品供应

烟台的石油产品销售，同中国的其他城市一样，差不多完全控制在三大国外石油公司手中，即美国美孚石油公司（Standard - Vacuum Oil Co.）、英国亚细亚石油公司（Asiatic Petroleum Co(China). Ltd.）和美国得克萨斯石油公司（the Texas Company(China)）。这三大石油公司之间有稳固的联盟和相互间的支持，基本上杜绝了相互之间独立竞争的可能性。虽然在这三大公司之外，还有一些从日本和俄国进口的石油产品品牌，之间也打价格战，特别在一些内陆地区，但一般来说，这种竞争的结果绝对不可能对这三家石油公司造成严重的损失，他们手中都掌握着巨大的资源，有足够的能力实现他们利益的最大化。

但这种局面在最近几年也发生了变化，相对于其他任何一个行业，在中国，由于世界范围的经济萧条，对石油产品的销售造成了相当不利的影响。外国石油公司已经损失了几百万美元，特别在1932年，一场严重的价格战就在中国爆发，原因是来自俄国的石油产品，以一个中国化的品牌“光华”的面目，在市场大量倾销。在当时，煤油和汽油的市场价格离奇的偏低，甚至在一段时期，其价格低到仅仅连其运输成本都达不到的程度。为了保持其占有的市场份额，三大石油公司被迫降低了他们产品的市场价格，以应对这场来自外部的竞争，最后的结果，就像前面所讲的，造成了巨大的损失。

在现在的烟台，碰巧的是，正在再一次经历前述1932年的故事。这一次，导火线是来自日本的煤油产品，他们的产品价格远远低于三大石油公司所控制的市场价格。日本实际上并不生产任何煤油或者汽油，事实是，日本从一些石油产品生产国，例如美国手中，购买一些经过粗加工的石油产品，在日本本国精炼之后，由于发现在中国存在一个可以获取高额利润的巨大市场，乘中国在这方面的落后而大发其财。无论这一状况会一直这样持续下去，还是会很快结束，就像1932年一样，其结果是显而易见的。

现在，回顾石油产品在烟台的销售历史，最有说服力的应该是关于烟台早期煤油的进口记载，这些记录最可能会保留在海关的贸易报告单上，但现在这些东西已经被毁了，因此这个问题也就成了历史悬案。但是有历史记载证明，将煤油作为灯油引入烟台，则是在1867年就已经出现了，因为有明确记载，在当时，有一条来自上海的小轮船，满载着500加仑的煤油来到了这里。同时还记载，煤油的销售非常缓慢，这是因为在当时，煤油的价格在当地老百姓看来，是远远超出他们承受能力的。此后相当一段时间，这些外国煤油在中国的这一地区，一直都没有找到什么能改变现状的好对策。这一不利的状况一直持续到1880年，在那一年，据说进口到烟台的煤油总量达到了15,000加仑。从那时候起，中国人才开始逐渐意识到使用外国煤油的好处，因此其销量也开始逐渐提高。到了1900年，当年的煤油进口量就达到了让人目瞪口呆的5百万加仑。源自俄国的煤油，自1895年开始，也进口到烟台，在当年，进口总量就达到了70万加仑。然而到了1900年，俄国这一商品的进口总量则下降到了25万加仑。其中的原因是，俄国商人没有形成具有一定规范的组织，也没有意识去探索扩大其市场占有的方法，其必然的结果，就是他们市场影响的衰减。同时，中国人也逐渐发现美国产品在质量上要优于俄国产品。在1904年之前的1到2年间，俄国煤油向烟台的进口终于完全停止了，其主要原因，则是日俄战争的爆发。

由三大石油公司在整个中国设立的提供给消费者的供应和销售设施，已经非常完备，并且发挥着积极的作用。几乎在中国的每一个区域，都有分公司、代理商、二级代理商、代销商这一销售网络来代表着公司的利益，对于消费者而言，在得到这些公司提供油品服务时，几乎感觉不到什么困难，甚至在中国一些非常偏僻的地方，也一样如此。这主要是因为已经建立的那些完善的设施，以及公共交通和卡车运输在近几年中得到了飞速的发展。比如，在今天的烟台地区，人们就可以根据汽车班次表，来享受定时定点的公共汽车交通服务。

交通线路和运输公司

为了提供更多的信息，下面就一些重要的公共交通线路和卡车运输公司做一介绍：

烟(台)—潍(县)—济(南)线路。从烟台到潍县，距离 250 英里，在这里，可以与连接济南和青岛的胶济铁路会合，由济南建设局经营，拥有 40 辆福特牌公交车。

烟台—威海卫线路。烟台到威海卫距离 50 英里，从那再可前往荣成和石岛，由烟台公共汽车公司经营，拥有 12 辆公交车。

青(岛)—烟(台)—海(阳)线路。从烟台直通青岛，距离 160 英里，由建设局运营，拥有 20 辆福特牌公交车。在这条线路上有一条支线，从烟台可以到达海阳县，距离 70 英里。有一些个人经营的汽车也在这条线路上运营。

烟台—夏村线路。从烟台到夏村，夏村在海阳县附近，是大花生生产的中心，由烟台公共汽车公司经营。

烟台—莱山线路。从烟台到莱山距离大约有 50 英里，由烟台德美汽车行在这条线路上运营，但需要给建设局缴纳道路使用费。

除了这些线路以外，还有当地的运输联合会也提供从烟台到其它周边地区的交通服务，但这些道路大多都是土路。

振业汽车公司。这是烟台最大的汽车公司，拥有 12 辆卡车，沿着烟潍济线主要经营从烟台到潍县的业务。豆油、豆饼、谷物、布料、花生和其他一些产品是其主要运输的货物，公司的生意显得非常兴隆。

明记汽车行。拥有 8 辆卡车，主要在烟台至青岛线路上运营。它的经营管理虽然良好有序，但对于规模来讲却比振业汽车公司要小，因为在这条线路上还有两家公司参与运营，因此竞争还是非常激烈，这两家公司所运营区间虽然没有从烟台到青岛这么远，只是在两地之间，但这也在一定程度上夺走了一部分货源。

裕通汽车公司。拥有6辆卡车，在青（岛）—烟（台）—海（阳）线路上经营从烟台到栖霞县的运输业务，栖霞县是一个内陆县，距离烟台大约60英里。

福顺汽车社。拥有5辆卡车，经营着从烟台到莱阳县的运输业务，其距离大约是从烟台到青岛的一半，在莱阳县，出产一种在中国很出名的梨。

这些公共交通公司和汽车运输公司，就是那些国外石油公司的最好的消费者，他们每年都会根据合同购买一定量的油料，当然，其用量是非常可观的。

此外，烟台的这些燃油公司，还经销各种汽车、润滑油、沥青等产品，但这些产品的消费量，相对来讲是比较少的。

商业航空

在当地政府的更重要的发展规划上，是要在烟台建设一个飞机场。这一计划的主要困难，是在如何能选择一块合适的地方，但是普遍相信，这一计划很快就能实现。

对于读者来说，一个好消息是，据中国航空股份有限公司（the China National Aviation Corporation）宣称①，一项可以覆盖烟台的航空邮政和航空客运服务业务，将在中国中央政府交通部的直接领导下很快开展，这一项目有美国资本的加入。

中国航空股份有限公司组建于1930年7月8日，同年10月20日，实现首航，这是一架郎宁（Loening）水陆两用飞机②，从上海龙华机场起飞，降落在汉口，直线距离516英里。这条航线沿途停落城市有上海、南京、安庆、九江和汉口，这样，就将中国最富裕的长江下游流域主要几省的商业航空统一起来。

在1931年4月1日，上海至汉口航线扩展到宜昌，宜昌是一座位于世界著名的长江三峡大峡谷脚下的城市，在同年的10月21日，这一航线又向西延伸到重庆，而如果从上海乘船到达重庆，需要行驶1,600英里，这样，这条航线就几乎

---

① 中国航空股份有限公司，组建于1930年，即现在中国航空总公司（CNAC）的前身。

② 郎宁（Loening）航空工程公司，1918年在美国成立，主要为美国陆军生产战斗机，后来被Leystone航空工程公司收购。

覆盖了整个长江流域。在1933年11月11日，在四川省境内，又有一条重庆至成都航线开通，这就使成都，这座中国最西部省份之一，也是中国最富裕省份之一四川省的省会，同东部地区密切了联系。随着对中国西部航线布局的完成，中国航空股份有限公司开始将它的注意力转向北方，在1933年1月10日，上海至北京航线也开通了，中途停靠杭州、青岛和天津。

在1933年10月24日，上海和广州之间也开通了空中航线，中间停靠温州、福州、厦门、汕头等一些重要城市。这条航线，在长度上超过1,000英里，在地理范围上，沿着整个东海岸，覆盖了从长江三角洲到珠江流域的广大地区，这些区域的人口超过了1亿人。

直到今天，这种机组人员2人、载客量4人、巡航速度是每小时90英里的郎宁水陆两用飞机，依然使用在上海至重庆航线上，航班时刻是每天从上海和汉口各发一个航次，每周从汉口到重庆各发三个航次。此外，还有一种型号的飞机，称为史汀生飞机(Stinson Land)，巡航速度每小时110英里，也是机组人员2人，载客量4人，使用在上海至北京航线、重庆至成都航线上。在上海和北京之间是每周三个往返，在成都和重庆之间是每周四个往返。在上海至广州航线上，使用的是道格拉斯—海豚型号的水陆两用飞机(Douglas Dolphin Amphibian)，这种型号飞机的巡航速度是每小时150英里，机组人员2人，载客量6人。

下面这一表格，形象地反映了中国民用航空事业的快速发展趋势，值得注意的是，这些数据，仅仅反映了中国航空股份有限公司一家在这些年的变化：

时间	载货飞行里程（英里）	载客飞行里程（英里）	乘客量（人）	航空货物运量（公斤）
1929	57,893	66,411	354	3,932
1930	330,079	638,726	2,654	17,893
1931	445,039	606,991	2,296	34,428
1932	431,145	775,036	3,153	50,851
1933	636,900	901,873	3,050	49,246
1934	833,416	1,469,296	4,570	58,052

以上数据反映的，是中国航空股份有限公司在近些年来的大致情况。而中国与德国合资创建的另一家也参与中国民用航空市场服务的航空公司，欧亚航

空公司(the Eurasia Aviation Corporation)①,根据其公布的消息,这些年的大体情况是:

在 1933 年 5 月,欧亚航空公司在上海和新疆之间也开通了民用航空航线,沿途停降站点有南京、洛阳、西安、兰州、肃州、哈密、乌鲁木齐。但是自 1933 年 9 月以来,由于新疆地区爆发的骚乱,往兰州以西的航线就无法运营了。自当年的 5 月 1 日起,欧亚航空公司经过考察,又开通了一条新的航线,即北京至广东航线,中间停降太原、洛阳、汉口和长沙。同时,曾经开通的北京至洛阳的短途航班就被取消了,因为在当时,洛阳是作为北京至广东,以及新疆至上海航班乘客和货物中转站而存在的。在当年的晚些时候,郑州逐渐成为这些航线的枢纽。还有一条航线,即兰州至宁夏航线也是在此年的 6 月 15 日开通的。在当年,欧亚航空公司的飞机共飞行里程达 486,902 公里,运送乘客 1,074 人,运送货物 43,092 公斤,邮件 4,170 公斤。

在中国南方,在 1934 年有两条新航线开通,都是由西南航空公司(the Southwestern Aviation Corporation)运营,一条是广东经由梧州、南宁飞往龙州,另一条是由广东经由茂名、钦州,飞往北海。

以下表格表示,通过青岛,从烟台寄往各开通航空服务城市的航空邮件邮资(已经附加了正常邮资,单位:元):

目的地	信件和明信片(20 克)	包裹和印刷品(20 克)	报纸(20 克)
上海	0.25	0.15	0.15
南京	0.25	0.15	0.15
成都	0.50	0.30	0.15
西安	0.50	0.30	0.15
兰州	0.75	0.45	0.15
肃州②	0.75	0.45	0.15
哈密	1.00	0.60	0.15

① 欧亚航空公司 1931 年 2 月由中德合资成立经营,总公司设在上海。该公司原计划开辟 3 条国际航线,但由于种种原因,实际经营的都是国内航线。1941 年 8 月中德断交,宣布两国处于战争状态,国民党政府交通部奉命接管欧亚航空公司中的德方股份,并于 1943 年将其改组为中央航空公司。

② 今甘肃酒泉市。

续表

目的地	信件和明信片（20克）	包裹和印刷品（20克）	报纸（20克）
迪化①	1.00	0.60	0.15
塔城	1.00	0.60	0.15
天津	0.25	0.15	0.15
北京	0.25	0.15	0.15
宁夏	0.75	0.45	0.15
包头	0.75	0.45	0.15
安庆	0.25	0.15	0.15
九江	0.25	0.15	0.15
汉口	0.50	0.30	0.15
长沙	0.50	0.30	0.15
沙市	0.50	0.30	0.15
宜昌	0.50	0.30	0.15
万县	0.50	0.30	0.15
重庆	0.75	0.45	0.15
成都	0.75	0.45	0.15
福州	0.50	0.30	0.15
温州	0.50	0.30	0.15
厦门	0.50	0.30	0.15
汕头	0.50	0.30	0.15
广东	0.75	0.45	0.15
梧州	0.75	0.45	0.15
南宁	0.75	0.45	0.15
龙州	0.75	0.45	0.15
贵阳	0.75	0.45	0.15
昆明	0.75	0.45	0.15
钦州	0.75	0.45	0.15
北海	0.75	0.45	0.15

① 今新疆乌鲁木齐市。

烟台振业汽车运输公司

在烟台至潍县公路建成之后的最初一段时间，并没有专门的运输企业在这条公路上从事货物运输业务。直到 1930 年，在这条公路上才开始出现一家专业的运输企业，这就是由汪世佐先生创立的烟台振业汽车运输公司，他本人现在依然担任振业汽车运输公司总经理，也被誉为是这一领域的开拓者。此后，其他一些公共交通公司和货运公司相继建立，使得这条公路也逐渐变得繁忙起来。

烟台振业汽车运输公司在创立之初，拥有一支12辆卡车的车队，在烟台和潍县之间设立了24个办事处（停靠点）。在公司的烟台总部，还设有修理车间和铸造厂，以用来潍修自己的车辆，包括加工制造各种配件。同时还承接对外车辆维修服务。

▶ 烟台振业汽车运输公司总经理汪世佐先生

公司的职员包括 20 名司机、40 名维修工人和 20 名学徒。由于市场竞争非常激烈，目前公司的经营不是很景气，公司不得不降低运输价格来应对市场竞争，虽然如此，公司依然保持了良好的服务标准，被公认为现在依然保持着这一领域的领头羊作用。

中国轮船招商总局

中国轮船招商总局（China Merchants S. N. Co.）是目前中国最大的一家轮船企业。中国轮船招商总局成立于 1872 年，总部设在上海，其分支机构和办事处遍布所有的开放口岸城市。

中国轮船招商总局最初是由政府资本官办，后来改组成为有限责任公司。多年来，它以一般商业企业的模式进行运营，但是在 1933 年，中国轮船招商总局经过再次重组，现在完全是在政府的控制之下。

第一位被任命为中国轮船招商总局烟台分局经理的是 Chen Ching Ting，他的继任者是 Li Tsoi－chee、Chen Chi Yuan 和 Chen Chi An。在 Chen Chi An 先生

▶ 中国轮船招商总局烟台分局经理李子居先生

自1930年7月去世后，李子居先生继任成为中国轮船招商总局烟台分局经理①。

中国轮船招商总局烟台分局现任经理李子居先生，广东中山县人，1909年毕业于香港女王学院(Queen's College)。作为中国轮船招商总局的高级管理人员，李子居先生首先是被任命为福州分公司经理。他被转任为烟台分公司经理，是在1930年7月，从那时起到现在一直担任此职。

政记轮船公司

政记轮船公司(Ching Kee Steam Navigation Co.)的总部现在虽然设在大连，但公司却是在1904年在烟台成立的。公司最初拥有资本30万墨洋，唯一投资人为张本政。1920年，公司经过改组，重新登记成为股份有限责任公司，资本达到500万墨洋，分为10万股本，每股50墨洋，股东全部为中国人。在其初期，公司仅仅拥有一条1,000吨级的轮船，经营航线为丹东—大连—烟台三地之间往返，随着其经营业绩的发展，投入运营的轮船条数不断增加，轮船吨位都在1,000到2,000吨之间，在丹东、大连、龙口等地还开设了分公司。直到第一次世界大战之前，公司投入运营的轮船已经达到10条，此后公司的发展愈加迅速，到了战后，公司已经拥有了一支超过15条轮船的运营船队，轮船的吨位也增加到2.500到4,500吨级。同时，为了满足日益发展的市场需求，公司还在上海、天津、香港、青岛、广东等地设立了分公司，同时，在其他许多次一级的中心城市，也设立有办事处。

政记轮船公司拥有多艘3,000吨级，甚至超过3,000吨级以上的轮船，定期往返于一些亚热带地区的港口，比如新加坡、越南西贡②、海防、印尼的苏拉巴亚等，而公司吨位稍小一点的轮船，则主要往返于大连、丹东、烟台、威海卫、青岛、

① 前几位人名无法核实具体姓名，现任经理根据其他烟台地方文献，为李子居，但原文中拼为"Li Yen Hsin"，不知是否为一人。

② 越南城市，现已改名为胡志明市。

龙口、天津、广东和香港。公司的船队都是由货轮组成,没有客轮。

在天津,政记轮船公司还拥有一个码头,足够两条2,000吨级轮船停泊,货场面积超过200亩。除此之外,公司还拥有自己的驳船队、汽艇船队、拖船船队,以及各种辅助船队,总数能有100余条。此外,公司在大连、丹东和烟台,还拥有很大价值的不动产。

在大连,政记轮船公司拥有自己的工厂和修理车间,雇用了大约500名技术工人和学徒,完全有能力维修3,000吨级以下的各类船只。

作为中国最大的民营轮船公司,政记轮船公司拥有25条货轮,总吨位达到11.8万吨。

▶ 政记轮船公司船队的2,800吨级货轮"丰利"号,正在烟台港卸货

中国邮政系统

就历史上的起源来说,邮政系统的组织和发展,非常有趣的是,没有其他任何国家能够和中国相媲美,从一定程度上说,中国邮政系统的历史在世界上是最古老的。虽然"邮政"概念的最早提出是在《圣经》中(大约是在2世纪,希西家[①] 给所有的以色列人和犹太人写了一封信)[②],但中国的邮政系统要早于《圣经》的记载,大约已有3000年的历史,在中国的周朝(公元前1122—前255)就出现了。在当时被称为驿站,也就是政府传递急件的服务系统。马可·波罗曾经描述,在他游历中国期间,当时中国的邮政系统,就已经是非常的完备和精密了,远远超过了希腊或罗马文明顶峰

① 希西家(Hezekiah),《圣经》人物,据传说记载,为公元前8世纪时期的犹大国国王。

② 在《圣经》中,"以色列人"和"犹太人"是有一点区别的,"以色列人"就是雅各的后代,是指血缘,"犹太人"就是住在犹太地的这些人,是指地域,二者并不完全一致。

▶ 烟台邮政局职员合影

时期的水平。根据这个威尼斯冒险家的描述，在当时的中国，每25里或30里就有一个驿站，在当时全国有1万个驿站，在每个驿站，都准备有几百匹快马，以供这些信使使用。依靠这些一站一站政府传递急件的服务系统，几世纪以来，所谓民间的“私人信行”，与那些负责政府传递急件的信使和驿站的内部人员，一定非常的熟识。这些私人信行的存在，虽然也有中断的时期，但他们的工作还是令人满意的，虽然相比现在的信件邮资而言，他们的收费是有点偏高。

▶ 烟台邮政局

近代中国邮政系统的创立始于1896年，是由当时的清朝政府颁布实施的，这一功劳，要完全归功于罗伯特·赫德（Robert Hart）爵士，他是被任命的第一任中国海关总税务司，早在1861年开始，赫德爵士就多次呼吁过他的这一建议①。

① 赫德为第一任中国海关总税务司，这是此前中外学术界的观点，根据最新成果，中国第一任海关总税务司，是英国人李泰国（Horatio Nelson Lay）。李泰国，英国驻广州领事馆首任领事李太郭之子，10岁时就随其父来到中国，先后任英国驻广州领事馆汉文副秘书，上海副领事等职。1855年出任上海海关税务司。中英《天津条约》谈判时，他代表英方代表额尔金办理实际交涉，参与起草中英《天津条约》。1861年总理衙门一成立即正式出任首任中国海关总税务司。赫德，1863年继李泰国为中国海关总税务司，1908年赫德请假回国，1911年正式卸职。他任中国海关总税务司长达46年，是英国侵华的主要代表人物之一。

在当时的中国，由于政令不统一，每一个地方势力都试图控制他们自己的邮政系统，因而，中国完整的邮政系统的快速发展，只是在近十几年时间内所取得的成绩，现在已经基本健全了网络，可以独立运转而不需要外界的干涉。

中国的邮政服务系统，已经将其功能扩展到了几乎全国的每一个角落，甚至在许多非常边远的地区，也延伸有邮路。即使在过去的几年中，中国的有些地区虽然处于严重的混乱之中，但也没有能够阻止邮政系统的延伸和扩展。尽管邮件在不同地区的运输传递过程中，会遇到巨大的困难，中国的邮政服务系统却有着卓越的表现。对中国邮政系统的组织机构和总体表现的评价，人们听到的表扬要远远多于对它的批评。

▶ 外国邮局在烟台的业务活动一直持续到1922年，上图显示的是当时各自国家邮局的负责人，从左上开始分别是：法国：朴格特（Pouget）先生，中国：史密斯（Smith）先生，俄国：维格斯（Weinglass）先生，日本：中川先生，德国：布特尔（Beutel）先生，英国：科特斯（Curtis）先生

中国邮政总局用英文每年都出版有一本下年度所能提供的服务项目介绍，还有一本中文的中国邮政服务指南，这两本书中，至少其中的一本，在中国的任

何一家邮局都能买到，每本 50 分。在邮政服务指南中，以字母为顺序，罗列了中国境内设立的所有邮局，以及这所邮局所在中国的哪个省份的具体位置，所有内容都有中英文对照。

▶ 烟台邮政局特派员程日新先生

烟台邮政局正式设立于 1898 年，但一直到 1922 年，英国、法国、德国、日本、俄国等国各自设立的国家邮局才结束自己的邮政业务。在中国的每一个对外开放口岸，邮政业务的内容基本都是一样的，也正是这个原因，就各国所需的邮政业务来说，涉足当地地方邮政局的各项细节业务领域和活动，被认为是没有多大必要。

烟台邮政局所占据的办公大楼建造于 1925 年，耗资 15 万墨洋。在其下还设立有两个地方支局，同时，烟台邮政局的邮界范围，还包括 20 个岛屿。现在，对中国邮政总局所属机构所雇用的低级雇员，强迫进行文化教育普及的活动，正在全国范围内展开。在烟台，为这些雇员所开设的补习班，也在 1935 年 9 月 1 日正式开课，这一举动，被期望能在将来，对目前已经取得重大成就的中国邮政组织的发展，提供更好的帮助。

▶ 烟台邮政局早期所使用的邮票

▶ 月光下的烟台，灿烂的星光下，远看防波堤，一幅绝好的图画，这里是船只安全的港湾

▶ 中国人，在一些方面有点像日本人，都是海产品的巨大消费国，图中可以看到当地人正在赶海

程日新先生，烟台邮政局特派员，1892 年出生于福建省省会城市福州，毕业于京师大学堂（今北京大学），他曾经代表中央政府交通部前往维也纳学习奥地利的邮政储蓄银行服务系统，并于 1911 年从维也纳邮政和电报学院毕业。在次年，程日新先生加入中国邮政总局工作，在 1929 年，他作为中国代表之一，在伦敦参加了万国邮政联盟会议。1932 年，程日新先生曾担任邮政总局副局长，1935 年，他被任命为烟台邮政局特派员，负责烟台邮政局的工作，已婚。

计划中的烟台—潍县铁路

最早讨论烟台的铁路计划,要追溯到1868年,当时,在烟台成立的一家英国商业公司福开森公司(Messrs Fergusson & Co.),就给当时的英国首相提出了这一建议,但这一建议石沉大海。于是在7年之后,福开森公司又给驻北京的英国公使馆再次提出了相同的建议,同样也没有产生任何结果。但这却立即引起了当地中国商人的警觉,受到他们的普遍反对。但直到1908年,当时的清政府对当地中国商人的铁路修建申请才得到批准,允许由他们自己筹资来修建这条铁路。但这一计划在推动过程中,他们很快就发现自己无法筹措到足够的铁路修建资金,解决这一难题的唯一办法就是由政府来进行铁路的修建。但是政府却坚持,如果由政府资金来修建这条计划中的铁路,那么就会破坏《胶州条约》中与德国之间的约定。

现在来看,当时的这一想法,是非常错误的。当时认为,如果这一计划由中国政府来得以实施,或者由中国民间企业来实施,那将会对青岛铁路构成严重的竞争,并且这就会对德国利益造成巨大的伤害,特别是威胁到他们对山东经济的绝对优势的控制地位。在这一思路下,于是,烟台作为一个对外开埠港口城市,地位逐渐衰落,然而青岛的重要性却很快得到了进一步提升。虽然此前为此付出的各种努力没有任何结果,但烟台的中国人还是充满了继续努力的勇气。在此后,他们一直在为此做着不懈的努力,并且利用在这里的外国势力来增加他们的力量,在1914年,在烟台的外国公会给北京的外交公使团提交了一份请愿书,强烈要求开工建设烟台铁路和防浪堤这两项工程,最终的结果则是,只有防浪堤项目得到支持。

这是一个一致的看法,只修建防浪堤工程而不修建铁路项目,对于促进烟台的经贸发展这一任务,只是完成了一半,然而,从另一个方面来说,有了铁路但没有防浪堤,也是一个非常不能让人满意的结果。因此,在充分认识到防浪堤的重要性的基础上,对铁路建设重要性的认识,又逐渐成为一种高度统一的社会共识。

现在,连接烟台和潍县之间的公路,成为山东北部地区唯一的一条交通大动脉。很明显,缺乏铁路和高等级公路这些基础设施,成为这一地区发展经贸的最重要障碍。这必然会造成交通运输费用负担过分沉重,货物运输的速度又异常的迟缓,特别是在暴雨之后,这条道路几乎是无法使用。

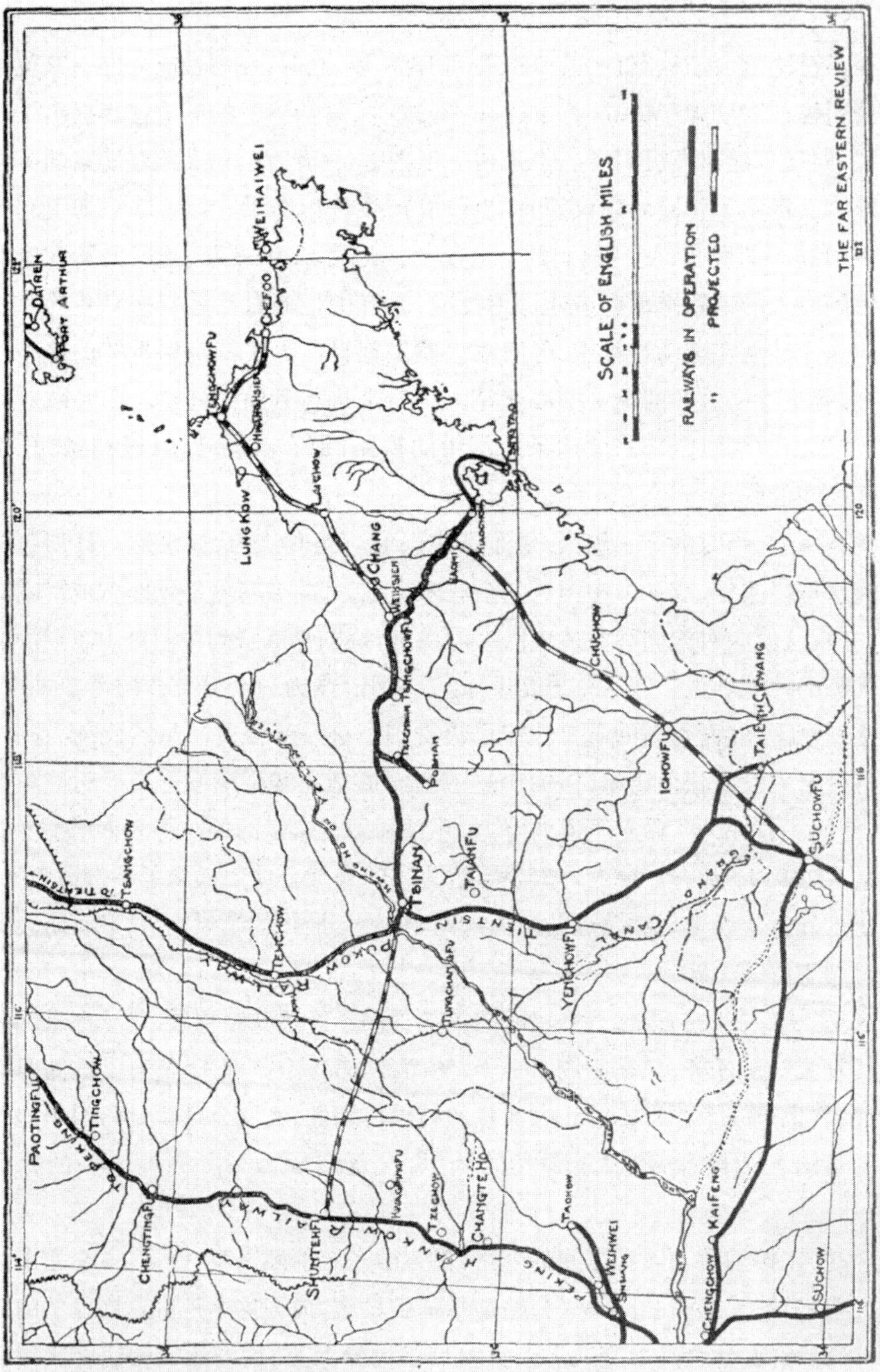

▶计划中的《烟台铁路规划图》

关于铁路建设的目的，最初仅仅是因为部分当地商人深感交通不便，希望在烟台以西建设一条交通路线，但现在，对于铁路建设的认识，已经上升到关涉烟台这座城市商贸发展未来的高度，这在很大程度上，的确取决于铁路所带来的便捷交通和运输，当然这也和港口条件的改善有密切关系。

在意识到这一计划将会确实对烟台经济贸易发展、扩大地区影响等方面产生重要作用的同时，也应该注意到，这并不是必然将会对青岛产生不利的影响。相反，青岛无疑将会进一步因为山东整体经济的巨大发展，从而得到不菲的利益。

前面所提供的地图表明，在烟潍铁路计划中，这条铁路具体路线以及它与现在已经存在的铁路系统之间的关系。其基本走向是：烟台—福山—蓬莱—龙口—莱州，至潍县与胶济铁路接轨。

中国电报总局

考虑到在中国，电报服务出现的短暂历史，最多也就是仅仅50年多一点，然而中国在利用这种新型的通讯方式方面所取得的成就，却值得得到高度褒奖。虽然在使用的设备方面来说，在任何方面其简陋程度，都无法与我们在一些西方国家中看到的相比，但中国却就是在这种条件下，创造出了令人惊讶的成绩。广阔的国土面积，长期的内乱冲突，近乎崩溃的国家财政，这些都严重阻碍了中国现代化通讯的发展，而在同一时期的地球另一半，国内通讯和国际通讯都已经得到很大的发展。

然而，随着南京国民政府的建立，电报线路以及无线基站的铺设和安装很快在全国范围完成，其中最重要的环线采用了最为先进的高速自动化设备，例如键盘打孔机、电传打字机等等。为了能够在中国境内提供给人们更方便和更快捷的服务，南京政府的电报总局一直致力于提高和改善电报技术和服务水平。考虑到与国际电报服务系统相适应，中国现在已经做出了很大努力来改善和扩展它的设施设备建设，国际通讯组织应该将现在的中国，相比于以前，放在更为重要的位置。

“VIA CGRA”（via Chinese Government Radio Administration，意思是“通过中国政府无线电网络”），现在，这7个字母在我们发电报时，在电报纸的空白处经常会看到，它已经成为一个固定的商业短语，它表示的意思是：在国际间电报通讯过程中，一个使用电报的用户，在他的信息传递到某一个国家这一过程中,所使用过的若干无线电环路中的其中之一,是中国政府无线电管理局所属的。而在中国国内电报通讯过程中,在“CGRA”(中国政府无线电网络)内部,就可以独立完成。“CGRA”的最初建设成功,是在1929年2月15日,也就是在那个时候,无线电管理局也开始了它的通讯业务。它一经出现,立刻显现出明显的效果,“CGRA”使得中国在与国际通讯服务系统联通时,出现了新的气象,而在此前,在中国所提供的这类服务活动,都是处在外国机构监督之下。最突出的一个新气象,就是直接,也就是说无线电信息直接从发送者传递到了接收者。无线电信号环路,包括发送系统和接收系统,但不受自然障碍,如山脉、海洋、河流等的影响。直接传递意味着快速以及高度的准确率,因为在与一些重要的世界贸易中心、海岸和岛屿等相联系时,无线电信号不再需要先接收,然后借用其他线路转发,从而减少错误;同时,也不需要因为不得不要转发,消耗时间而延误。

中国电报总局烟台分局设立于40多年以前。当时仅有有限的几条电报线路,比如天津、济宁、登州府、黄县、威海卫,以及周边地区,所使用的设备只有莫尔斯电报机①。1900年,烟台至上海、烟台至天津、烟台至威海卫之间的海底电缆铺设完成,到了1906年,现在所看到的中国电报总局烟台分局大楼建设完工,它就坐落在烟台海岸路。当年所使用的莫尔斯电报机,现在绝大多数都已经更

▶ 坐落在海岸路的中国电报总局烟台分局大楼

① 莫尔斯(Morse,Samuel Finley Breese),美国科学家,电报发明人。他利用电磁学原理,在1837年经过反复试验研制出最早的电磁式电报机,1838年又创造了点划组合的莫尔斯电码,使电报机进入了实用阶段。后在美国国会的资助下,莫尔斯用了约两年时间建成从华盛顿到巴尔的摩全程64千米的电报线路,1844年5月24日开始通报,揭开了人类通信史新的一页。

新为具有更高速度的惠斯通自动发报机①。

在1909年，烟台至大连的海底电缆架设完成，同年7月20日，这两座城市之间的电报通讯正式开通。根据协议，日本在烟台设立了自己的电报局，专门接收和发送日文电报。

在1922年，中国政府完成了它计划中的上海至烟台的一条新的海底电缆的铺设任务。在最初，这条电缆还只是单路系统运行，但不久以后，就可以实现双路系统运行了，这无疑大大提高了传输能力。

在1934年5月20日，发生了一件重大事件，烟台的两家外国电报公司，即丹麦大北水线（海底电缆）公司和英国大东水线公司的烟台分公司，分别将其整个分公司都出让给了中国电报总局烟台分局。同时，在与中国政府达成一致协议之后，这两家公司把在天津和北京的分公司也出让给了中国电报总局的当地分局。这两家外国公司中的中国籍雇员被予以留用，但是外籍职员则分别退回到各自设在上海的总部。

▶ 中国电报总局烟台分局职员合影

1920年，烟台在市区西沙旺设立了海岸无线电台，在1929年，在海岸街设立的烟台无线电报局也正式开业。由于这些机构在业务上与中国电报总局烟台分局相同，所以也成为中国电报服务系统的一部分。终于在1935年4月1日，烟台海岸无线电台、烟台无线电报局并入中国电报总局烟台分局成为一体。此

① 惠斯通（Charles Wheatstone，1802～1875），英国物理学家、发明家。1837年发明五针电报机并获得专利。两年后，在派丁顿与西德累顿之间架设了第一条商用电报线。1858年研制出第一个具有实用价值的自动发报装置。

▶ 中国电报总局烟台分局电报房内景

后直到现在，中国电报总局烟台分局全面负责海底电缆（电报）、陆上电缆（电报）、无线电报和海岸无线电台业务。每天大约能处理500份电报信息，其中，国外信息大约占15%。中国电报总局烟台分局每月的营业收入大约是15,000美元。

▶ 中国电报总局烟台分局经理王朝林先生

国际电报的收费需要将金法郎折换成中国货币后收取，汇率虽然也定期有所波动，但以国家通讯部门的标准为准。国内电报的收费标准，则是依据国家电报总局的规定。

现在，中国电报总局烟台分局经理为王朝林（Wang Chao Lin，音译）先生，51岁，江苏省常熟人。先后毕业于上海同济大学和日本东京一所学校。在来到烟台之前，他先后担任常熟国立图书馆馆长、浙江省内务局督察员、桐庐地区地方长官，1931年曾任南京政府国会议员、南京地区公共安全保卫队长官，同时还在南京政府传输部任职。王朝林先生精通日语和德语，已婚，有三个孩子。

中国政府电话网

就像其名称所表示的意思，烟台的电话服务系统是由政府所经营的企业，虽然我们能够注意到，这里所使用的设备，从总体来说，相比于其他一些城市中的政府电话服务企业所使用的先进设备，是没有办法进行比较的。

烟台电话局坐落在西海岸路，与电报局相邻，但面积要小，外观也寒酸一些，这座建筑自从1909年烟台设立电话局以来一直使用至今，其中既有办公室，也有交换机房，因为的确过于狭小，计划很快就要搬出另寻他址。

认识到缺乏必要的设备，管理当局已经明确决定要彻底更新技术、改造全部设备，准备安装现在被称为"通用层架电池组"的先进系统，从而代替目前一直使用的传统的老式磁力发电机。另外一个进步是，他们决定在城市中心繁华的区域之一北大街上，建设一些现代化的时髦的营业场所。

烟台电话局所使用的设备，包括电话机和接线总机，都是由天津所提供的，

▶ 烟台电话局职员合影

▶ 海岸街雪景

▶ 烟台电话局

▶ 烟台电话局电话接线总机房

而在天津，近来他们已经采用了更为先进的自动化系统。烟台电话局所接受的这些设备，包括新的公司大楼，总价值大约是 30 万美元。

对电话服务的需求在烟台日益增长。一个突出的表现是，现在电话局的终端用户是 720 户，而在 1909 年，只有大约 100 户。为了满足这一日益增长的需求，在 1934 年就准备设立一个分局，然而现在依然没有完成，这要等到新

▶ 一座典型的中国式寺庙，在院子中间有一座巨大的铜香炉

的公司大楼竣工后才能实现。

烟台的长途电话服务，开始于 1926 年，但所提供的服务区域，只是烟台至潍县公路沿线各站点。

烟台电话服务系统的所有权和经营权，最初是控制在德国公司手中的，但是在 1909 年，被中国政府全面接收。

第五章 社会、教育和宗教

概括来说,被确认的最早来到山东,准确说来到烟台的传教团,是一个四人组成的小团体,时间是在1860到1864年之间,他们是美国南方浸信会传教士海雅西(Hartwell)①、美国长老会传教士约翰·倪维思(Nevius)、美国长老会传教士郭显德(Corbett)、英国苏格兰圣公会传教士韦廉臣博士夫妇(Williamson)。今天,在中国烟台,这座城市中的那些具有较高层次的教育、宗教,以及各项社会事业的成就,从一定程度上说,应该感谢这些先驱者,是他们给当地的固有传统文化吹入了新风。这些进步可以从很多角度观察到,但是,在这个有限的空间里,也不可能在所有领域都取得成绩。就教育领域所取得的成就来说,各教会组织在这里建立的中国内地会学校、益文商业高等专科学校、启喑学校、毓璜顶幼稚园、天主教修女院等,就是这些不同门类学校中的佼佼者。

可以说明这些进步的证据,在很多方面都有体现。在烟台,30多年前,除了个别几所较为重要的中国人开办的学校外,再就是开办在毓璜顶的教会学校。这些学校开办的时代有前有后,但通常存在的时间都不是很长。有一所政府官办的学校,得到了当地最高行政长官(称之为"道台")的支持,曾经一段时期非常兴盛,但后来依然无法维持,坐落于通伸路的东牟公学也只是维持了两三年时间②,还有坐落于北山的商业学校,虽然延续的时间较长,但最终也是不得不关闭。同时,在早期的这段时间,除非在一些教会学校,特别是专门针对于女童的教育机构,根本就没有。

---

① 原文中拼为Hartwell,应该为J. Bhartwell。

② 清末新式学堂,1907年由胶东地区留学日本的同盟会员在烟台创办,其学生中多数亦加入同盟会,辛亥革命时在烟台独立中发挥了重要作用,1912年被解散。

今天，除了设在毓璜顶上的这些学校，几乎在城市的每一个地区，都有专门为男童和女童设立的初等学校，还有两所特别好的非教会创办的中等学校，即烟台中学[①]和志孚中学[②]，前者是男女学生兼收。这些学校的条件非常好，有宽敞的校舍，有先进的仪器设备，并且投入稳定可靠。此外，还有一个条件非常好的非教会创办的专门的女生学校。除了在毓璜顶地区的学校之外，还有两所设施完善，装备有良好设备的，专门招收女生的由教会创办的中学，即培真女校和卫灵女校，培真女校是从以前的仁德洋行女子花边学习班（基督教会手工学校）发展而来的，卫灵女校，则是由美国南方浸礼教会创办[③]。

在烟台地区，教会传教事业的发展也是有目共睹的。今天，这里有许多建造壮观漂亮的教堂，这些教堂几乎都是由当地教区自建，还有烟台基督教青年会、烟台基督教女青年会这些机构。此外，这里还长期开办有圣经学校，在城市的不同地区，还有其他各种宗教组织。

在几乎每一个方面，也可以明显看到各项社会事业的进步。除了上面所提到的学校、教会之外，还有各种外来的社会组织，在其中，也许最值得一提的，就是万字会和敬德会。特别是前者，资金雄厚，实力强大，有一座漂亮的建筑。道院（一个混合的宗教组织，融合了东方的五种主要宗教，包括基督教）好像在万字会中有很大的影响[④]。敬德会是由以前的称之为“盂兰庙会”的组织发展而来的，其目的在于以一个组织的形式来团结会众，以期在身体、道德以及日常生活中追求一种更高的层次。

但是，在社会发展和进步方面，也许最明显的就是在整个烟台市区铺修马路、街道，甚至小胡同。现在，几乎所有的马路、街道，还有很多小胡同都是由水泥铺设，这些新铺设的道路，要比以前为数很少的由水泥所铺设的道路质量好许多，使得城市更加干净整洁。也许现在在中国，没有任何一个城市在道路的水泥硬化方面，能够超过烟台。

---

① 1929 年创办，当时称为山东省立第八中学，该校是烟台第一所省立中学，1933 年改称为山东省立烟台中学，1938 年停办。

② 1931 年 9 月由国民革命军 21 师师长刘珍年创办，当时学校校舍、设备、师资等条件，都是烟台各学校中较好的，1948 年停办。

③ 实际上卫灵女校最早是由英国人塔珍珠在 1907 年创办，后来塔珍珠与一名美国南方浸礼教会的传教士结婚，卫灵女校才转交美国南方浸礼教会接办。

④ 万字会是一个慈善团体，对外叫世界红万字会，对内叫“道院”，重在教尚道德精神，研究哲灵学理，以求民智之高远，科学之进化。万字会 1922 年成立，万字会供奉老祖（青玄老人）。认为老祖是道、释、儒、耶、回五教的首领，视老祖为最高的神。

即使从各种标准来看，在教育、宗教以及社会事业等方面，烟台所取得的成绩都是不能被忽视的。事实上，随着学校数量的增加，必然会导致市民接受学校教育机会的增加，以及文化知识的普及。此外，还会在更多有利的方面产生深远影响。比如夜校，招收对象是文盲或者没有时间参加正常学校教育的民众，夜校的普遍开办，就证明了这种影响的存在。现在，社会各个层次民众中具有一定读写能力的比率，相比于前些年，有了很大程度的提高。今天，在小小的烟台这座城市，每天至少有五份日报出版。但就是仅仅在几年前，烟台也就只有一两份报纸，不得已，当时许多人只能阅读在中国其他城市出版的报纸或者杂志。烟台基督教青年会和敬德会都拥有依然在不断丰富的图书馆，在街道的许多地方，都设有专门的报纸栏，将当天报纸贴在上面供公众阅读。这些现象，在过去是没有的，文化知识在社会各阶层中，正在开始广泛的普及和传播。

在历史上，烟台的中国基督教徒从来没有像现在这样人数众多过，也没有像现在这样活跃过。福音会的代表以及其他一些忠诚的福音传播者，在一年中要组织多个系列的宣讲会，在城市的各个角落宣传基督教教义，并孜孜不倦地以唤起他们自己同胞的宗教热情为己任。代表不同教堂和群体的宗教宣传志愿者，在过去的两年中，不分周日还是周末，积极活跃在街道、工棚、家庭等不同的地方。每一个周五晚上，这些团体都会聚集在一起进行祈祷、朗诵十戒，以及相互鼓励，并向主汇报在过去的七天里，他们的所作所为。

当然，这种忠贞热情和坚定不移的决心，其目的在于通过这些努力，能依靠中国人自己扩大基督教在这里的传播，在社会上也的确产生了积极的影响。事实上，所有这些宗教团体和教育机构，他们所从事的工作，也实实在在地推动了烟台社会的发展和进步。今天，在社会各个阶层中，市民的荣誉感和个人的道德修养，根据调查，高于历史上任何时期，人们普遍相信，这与基督教和西方文明的传入，从而影响中国这些开放港口和城市有密切关系。在大街上和小巷中，在私人住所和公共场所，人们讲究清洁，注意卫生，这在过去的五年中有很大的改观。国民身体素质也明显得到增强。年轻人，不管是男孩还是女孩，都身体健康，充满活力。在30岁以下的女孩子和妇女中，缠足已经很难看到了。踱着优雅步伐的女子和迈着矫健步伐的男子，衣着大方整洁，活泼健康，这种现象随处可见，相比于从前那些曾经习惯于裹着小脚，走路摇摇晃晃的女孩子和妇女，以及邋遢散漫、无所事事的男孩和穿着学究式的长衫的中年人，有着极大的差别。今天，几乎在任何一个地方，不论是未成年男孩还是成年男子，未成年女孩还是成年女子，经常能看到他们骑着自行车，甚至还可以看到，在节假日，他们欢快地在乡间游玩。他们在社会生活，以及追求快乐和愉悦方式上的改进，是在烟台这座城市积极健康的精神影响下，发生明显作用的成果。

至于在这些方面外国侨民的情况，也许在这里并没有多大必要详细描述，但是，在文化和社会生活的各种基础条件和设施方面，外国侨民为此对烟台的帮助和付出都是多方面的和丰富多彩的，以至于目前烟台在这些方面的条件和标准，在中国的对外开放商埠中，恐怕是最优越的。罗马天主教传教团除了在宗教方面广泛而活跃的活动外，还在包括学校、医院、麻风病院、教堂，以及福利工厂等等社会工作方面，也积极参与。在这里，主要有四个传教团体在从事各种活动，他们是：中国（国际）内地会（the China Inland Mission）、美国南方浸礼教会（the Southern Baptist Mission）、美国长老会（he Presbyterian Mission）和英国圣经公会（the Society for the Propagation of the Gospel）。除了这几个大的教会组织，还有大量较小的团体甚至个人，也在从事这些社会工作。这些机构，在烟台成立了一个称为“芝罘俱乐部”的组织，这个组织几乎参与了以上所分别叙述的所有工作，对于这座城市诸多方面的发展，不论是社会事业、教育事业，还是宗教事业，都有着不可忽视的贡献。现在，在这座城市中到处所弥漫着的这种欣欣向荣的氛围，能立即给新来这里的人一种充满活力、朝气勃勃的感觉。

利顺德饭店

利顺德饭店（Astor House Hotel）坐落在烟台海岸街[1]，紧邻烟台的商业区，以它的国外管理方式而闻名，其顾客也主要是各种各样的外国侨民。

利顺德饭店是烟台历史最为悠久的饭店之一，自 1911 年开始，它就已经坐落在现在这一位置了。利顺德饭店拥有极好的观赏海景的地理位置，因此这个饭店特别适于度假者居住。同时，房租还非常合理公道，并且设施齐全，对客人也服务周到。利顺德饭店拥有 24 间家具设施完备、带有洗澡间的客房。

① 又称为法国饭店、阿斯特饭店，中文名为“利顺德饭店”。位于现今烟台美术博物馆以东，面向大海，已拆除。

▶ 一个俄国东正教组织的礼拜日聚会

▶ 面向大海的利顺德饭店

大陆饭店

在烟台这座港口城市，能够提供给旅游者和度假者最好环境和服务的饭店，就是大陆饭店（Strand Hotel），它也是烟台这座城市最大的饭店。15 年来，大陆饭店也成为每年来这里消暑度假的美国海军军官和其他社会名流下榻的最主要饭店。

大陆饭店风景优美，面向大海，拥有网球场和一个占地 19 亩的花园，其设施完全可以和其他度假旅游胜地的饭店相媲美。大陆饭店拥有 8 栋别墅式客房，每一栋别墅中有 6 间房屋，其主体建筑有 52 间房屋。包括三餐的房价是每天最少 6.50 墨洋，然而那些别墅的房价，通常因为季节变化而发生一些相应的变化，最低时也在1200元以上[①]。

此外，还有许多规模较小的饭店和木结构的出租房屋，总之，在这里你总能找到自己称心如意的居所。

每年，随着美国舰队的撤离，通常是在9月下旬，许多小的饭店和木结构的出租屋就都关门了。但是利顺德饭店和大陆饭店始终是全年营业。

▶ 坐落在海岸边的大陆饭店

金城有声电影院

在烟台，只有一座由外国人所有和经营的电影院[②]，即金城有声电影院，它于1935年1月开张，其最初的营业场所只是在一个夜总会中。后来经过重金投入，将这一建筑改造成为可以上演现在流行电影的电影院。

现在，金城有声电影院的经理是波利亚科夫(N. Poliakoff)先生，他也是金城有声电影院的投资合伙人，在此之前，他曾经在天津的福克斯电影公司(the Fox Film Corporation)担任经理助理。

金城有声电影院可容纳的观众数大约是300人。但他们正在计划，准备新建一个可容纳800名观众的电影院。

金城有声电影院装备有两架德国生产的蔡斯放映机。一般情况下每天放映

① 原文中，墨洋表示为M. ＄.，此处1200单位符号是"＄"，不知是指什么货币单位，也可能是"文"。

② 金城电影院旧址位于芝罘区朝阳街79号，现为新中国电影院。金城有声电影院是当时烟台市唯一的属于外国人经营的又放映外国影片的影院，但并不是外国人所有的电影院，它是1934年由德顺兴造钟厂经理李东山投资兴建。

两场，星期天放映三场，每周放映三部不同的影片。

关于金城有声电影院一个非常有趣的现象是，尽管在夏天外国人的数量剧增，相比于冬天要高出四五倍，但电影院的收入在冬天却要比夏天高。这主要原因，是在夏天，社会上各个组织安排有众多的娱乐活动，从而分流了观众，特别是美国亚洲舰队所安排的大量露天演出。

▶ 毓璜顶的局部，从照片上可以看到玉皇庙，这是一座很著名的中国寺庙

芝罘俱乐部

芝罘俱乐部成立于1865年，当时是通过个人募捐建造了这座建筑。芝罘俱乐部最初的规模较小，但随着俱乐部会员人数的不断增加，在1906年就得到大规模扩建。在1913年，芝罘俱乐部与毗邻的滨海饭店合并，为了满足饭店的观海要求，芝罘俱乐部再次得到扩建。到了1931年，芝罘俱乐部又再次经过了一次彻底的重建。今天，芝罘俱乐部拥有优美迷人的环境，舒适完备的设施，坐落在交通方便的烟台海湾之畔，是这座城市社交活动的中心。芝罘俱乐部功能齐全，能提供各种服务，堪称中国最好的社交俱乐部。特别值得一提的是，在1870年，为了满足人们的娱乐要求，这里还建造了在整个亚洲的第一座保龄球馆。在夏季，这里给客人提供有游船和游泳服务，在冬天，则安排有羽毛球运动。

▶ 芝罘俱乐部会员合影，拍摄于1931年俱乐部重修之后

▶ 今天的芝罘俱乐部

▶ 1887年的芝罘俱乐部

烟台报业

在 1894 年，第一份外文报刊在烟台出版发行，这是由一家德国公司沙泰公司（H. Stetas & Co.）创办的英文报纸，名称为《芝罘快邮》（Chefoo Express），是一份周报，一直持续到 1900 年停刊。

到了 1901 年，在戴姆斯特朗（Damstrom）先生的主持下，《芝罘快邮》得以复刊，改名为《芝罘快报》（Express）。在日俄战争期间，《芝罘快报》被一个美国人戴尔德（MeDermid）接管。很奇怪的是，戴尔德先生得到了俄国政府的大力支持，正因为如此，根据烟台当地史料记载，因为《芝罘快报》在内容上有明显的反日内容，这份报纸最后被当地的日本领事馆动用武力查封。

此后，詹姆士·西文特豪尼（James Silverthorne）先生被劝说接管了该报，并将其改名为《芝罘晨报》（Chefoo Morning Post），成为每日发行的日报。印刷和发行仍由德国沙泰公司负责。再后来，《芝罘晨报》又被出售给了英国公司仁德洋行，之后就由仁德洋行来负责本报的出版和发行。在当时，该报所有的刻字排版都是由手工完成的，每天报纸的印刷出版需要有大量的人力，所涉及工作量，与今天编辑出版发行规模比它大得多的报纸所需要工作量大体相当。一直到 1915 年之前，詹姆士·西文特豪尼先生就既是经理，又是主编，在他当年辞职之后，《芝罘晨报》在烟台外国公会的支持之下，还继续出版了一段时间。

在烟台，最早的日报，称之为《芝罘每日新闻》（Chefoo Daily News），也是由烟台的英国公司仁德洋行出版发行的，该报创刊于 1917 年 2 月 16 日。从此之后，除去在康沃尔（Wm. Cornwall）先生主持出版工作的几个月以外，《芝罘每日新闻》就一直得到了仁德洋行的大力支持。在夏季的几个月中，报纸的内容相对更丰富，出对开 16 个版，但到了冬季几个月，规模稍有压缩，出对开 10 个版。该报的总编辑由莫瑞（D. T. Murray）先生担任，仁德洋行的中国人经理兰先生（音译）担

▶ 詹姆士·西文特豪尼先生，他是烟台芝罘俱乐部最早的会员之一

任其助手。

▶ 仁德洋行印刷厂

中国教会

在烟台,由中国人自己建立的教会组织,是在中国境内存在的为数不多的中国教会组织之一,他们对外完全独立,在经济支持和活动开展上,都与国外宗教组织没有关系。这些教会组织,是纯粹的中国人自发形成的组织。它的最初模式出现在1918年,是由一群中国基督教徒发起的,经过他们的不懈努力,1919年8月6日,他们终于建立起了自己的宗教组织中华基督教会。在1922年,终于建造了一座自己的教堂,这座教堂现在还屹立在那里,占地大约有1.5亩,坐落在城市西南郊区的西南关,可以足够容纳近千人同时参加礼拜活动。

现在,烟台中华基督教会的成员已经超过了280人,其中大部分是当地的中国商人。同时它还开办有一所小学,在两位女性教师的带领下,每天有超过70名的男孩和女孩来这里上学。

刘滋堂牧师,是中华基督教会西南关教堂的本堂牧师,是山东基督教大学(艺术学院)和南京神学院毕业生,最初他曾从事过商业,但为了追随主而放弃了。

▶ 中国信徒在参加完星期日祈祷后合影，老人和女人站在前面

烟台启喑学校

自从1887年专门为耳聋儿童设立的烟台启喑学校建立之后，已经有234名耳聋儿童在这里得到专业指导，其中有164名男童，70名女童。实践证明，烟台启喑学校取得了巨大成功，在它的直接影响之下，现在在中国的不同地方，已经建立了12所与此相类似的学校。

▶ 烟台启喑学校的耳聋儿童充分利用业余时间，男孩子们喜欢木工和园艺，而女孩子们则在缝纫和编织上投入了更大的热情

在中国，也许存在数以万计、甚至数十万计的耳聋儿童，在过去，他们无法就学，原因很简单，那就是在中国没有设立专门的耳聋儿童训练机构。即使在现在，在整个中国也仅仅只有13所这样的耳聋儿童专门训练学校。很明显，这一数量实在是太少了，因为缺乏必要的资助和合格的教师，现在在整个中国，只有不到400名耳聋儿童能够受到专门训练。

▶ 烟台启喑学校的创立者米尔斯夫人（Mrs. Mills，又称为梅理士夫人）

一个保守的估计是，在中国，因为童年耳聋，所以在其长大后无法获得语言能力，这样的人口数量可能不会少于40万。但是在烟台，清楚的数字是，现在20岁以下的耳聋儿童有38人，但其中有27人正在学校接受训练。

学生们在学校里接受缝纫和编织技术培训，学习照顾自己的生活技能，使得他们的生活环境极其干净和整洁。他们中的一些人还学会了学校常做的一些简单饭菜。

在冬季，学校在木工车间为学生们上课，到了春季，则给他们讲授园艺知识，使得学生们在学校的生活充满了快乐。

每年春天，启喑学校高年级的孩子就被指导着养蚕和从蚕茧中缫丝，以备学校用来加工鞋底和其他衣服之用。

学校拥有宽敞的校园，校园里种着许多美丽的树木。学校校舍设计优雅，里面装备着许多专门针对聋儿教育的现代化教学设备。学校的教员都经过专门培训，专心教育这些不幸的儿童。

▶ 烟台启喑学校的耳聋儿童在学习修建房屋

▶ 烟台启喑学校师生合影,前座者为老师

安妮塔·卡特小姐,现在是启喑学校的校长①。她从美国纽约一所医院作为一名注册护士毕业后,在美国卫生部门服务三年,此后作为六人小组成员之一,在美国各地学校专门学习儿童健康护理。然而,在护理领域她并没有停留很长时间,当时,她的姑姑米尔斯夫人②因为准备在烟台启喑学校创办一个女童部,特意邀请她来烟台工作。在接受了米尔斯夫人的邀请之后,为了做好在烟台启喑学校的工作,安妮塔·卡特小姐做了认真准备,不仅仅学习了布莱叶点字法和贝尔可视语言法这些教学方法,还包括汉语。令人赞叹的是,这些知识她在很短时间内就掌握了。此后,她于1906年来到中国。从此之后,她坚定不移地投身到中国耳聋儿童教育的事业之中。因为她对中国语言非凡的理解力和令人敬佩的敬业精神,她的工作,使得许多不幸的本来不能说话的孩子得到

▶ 现任烟台启喑学校校长
安妮塔·卡特小姐

① Anita E. Carter,又译为葛爱德,是烟台启喑学校的创立者米尔斯夫人的外甥女,1906年来到烟台启喑学校,此后一直在启喑学校服务,为学校发展做出重大贡献,1923年米尔斯夫人退休后,安妮塔·卡特小姐担任学校校长。

② 原名为安尼塔·汤浦生(Annetta Tnom Pson, 1853—1929),女,美国人,1884年来华,在登州与先期来华的传教士米尔斯结为夫妻,于1887年在登州创办启喑学馆。

启蒙教化,并且经过治疗得以缓解。这些成绩,得到社会广泛的尊敬和赞许。

烟台工厂基督教徒义工活动

在过去的15年中,有一个混合的以基督教徒为成员的义工慈善团队,其中既有中国当地人,也有外国侨民,混合了在烟台的各个教会派别和教堂,以女性为主,她们经常出现在由当地妇女所主要从事的发网、刺绣以及其他各类工厂中,同她们一起一边工作,一边宣传基督教教义,几乎每天都去那些工厂慰问和宣传。除了这些直接的基督教教义宣传工作,她们还组织了许多扫盲班,作为直接的成果,大量的市民拥有了读写能力。

烟台工厂基督教徒义工活动由许多专门的委员会所组成,例如传播福音、替人祈祷、演讲和交际、健康和卫生、生计技能培训等等(这项运动最明显的效果,就是近些年来这里开展的模范监狱活动,去年一年涉及人员181人,他们中有许多人在离开监狱后开始了新的人生)。

▶ 从事烟台工厂基督教徒义工活动的人员

烟台的医疗状况

谈到烟台的医疗状况,如果从一个医务工作者的角度来看,同其他地方所面临的问题一样。当然,不可避免,还是存在一些自身的特点。

不管是从经度还是纬度,以及从其总的地形来看,在整个中国,烟台都是最符合健康生活的地区。这一点,从相对来说这里的居民,身体大多健康结实的特点中也能得到证明。在烟台,也可以说总体来讲在山东,在社会层面,并没有关于健康身体的标准概念,政府的统计标准也没有及时发布。然而,得益于清新的空气,全年丰富的阳光照耀,以及没有酷暑和寒冬的肆虐,无疑,烟台拥有对人们健康来讲,许许多多天然的优势。

西医的传入烟台,就像在中国大部分地区一样,得益于传教士的成绩。西医的传播也有一个由小到大的过程,最初自然都只是星星点点,规模都不大,但到了现在,在全省的任何一座城市,都很容易找到西医的医院和诊所。

实际上,从总体来说,相对于人口总量,烟台所拥有的医院和医疗机构是比较丰富的。其中较为重要的医院有:毓璜顶医院、中国内地会医院、天主教布道团医院、阎氏医院和烟台市立医院。在这些医院中,毓璜顶医院可以说是其中设备最好的医院,其中工作的医生既有中国医生,也有外国医生。烟台市立医院创建于1931年,完全是由中国人自己管理和经营,其主要服务对象也都是中国人。此外,在烟台这座城市,还有几座规模较小的医院。

虽然缺乏足够的资金,但是当地政府部门还是在尽最大可能,来改善城市的卫生状况。现在最迫切的问题,就是要建立现代化的排污设备。

总体来说,这座城市的死亡率相比较而言还是比较低的,究其原因,这里的居民应该感谢他们时时所享受的、这里优越的、适宜于健康身体的气候条件。

毓璜顶医院

毓璜顶医院,是目前烟台最大的医院,追溯它的建立,与美国传教士郭显德牧师(Dr. Hunter Corbert, D. D.)有很密切的关系。郭显德牧师是老资格的传教士,他意识到,如果在烟台这样一个长老会基地城市建立一座医院,对于长老会的传教事业将有非常必要的推动作用。因此,在1906年他休假期间,郭显德牧师碰巧遇到了刚刚从美国宾夕法尼亚大学的医学院毕业的希尔思博士夫妇(Dr Oscar F. Hills),就将他的这一宏伟计划告诉了他们,并引起了希尔思博士夫妇的兴趣。在1907年,希尔思博士夫妇被美国长老会任命为传教士,启程前往烟台,并于次年到达烟台。在希尔思博士初来烟台学习语言期间,在郭显德夫人的帮助下,首先开始了培训护士的工作,同时还开设了一个小诊所。在认真细致的计划之后,一座以美国规范和标准建设的现代化医院终于创立了。此后,在门诊部大楼上又加盖了第三层,用作美国护士的宿舍。两年以前,又有一座漂亮的新建筑建成使用,这是一座专为中国护士修建的大楼,楼下是教室,楼上则是宿舍。

毓璜顶医院的正式开业是在1914年，当时只有两位医生，即希尔思博士和邓乐潘(Robert Dunlap)医生.,还有一位美国护士，以及11名中国见习护士。在开业当年，医院共收治了204名病人，门诊接待了9,730名患者。收费总计为2,730墨洋，但是总的支出则是13,246墨洋。亏损部分则由长老会在美国的总部和个人捐助来补齐。此后，亏损的数额每年逐渐减少，在过去的两年中，医院基本已经可以做到支出与收入大体持平。然而医院中外国职员的工资，则仍要由长老会总部来支付。

在1934年一年中，毓璜顶医院总共收治病人1,133人。医院现有85张病床，对于有些类型的结核病人，医院只能将他们安排在阳台上。应诊病人在48小时之内的死亡率只有1.5%，这个数字是非常低的。医院配备有设备先进的化验室和X光设备，还有两套手术设备。医院还为病人提供床单和病服，还可提供西式和中式两种饮食。

毓璜顶医院按照部室进行专业分工，这大大提高了对病人的诊断、治疗和护理效率。这一指导思想也科学地运用在门诊各科室中，门诊大楼设在医院的出口处，是一座二层楼房。各间病房以科室为单位分开，有外科、内科、眼科、妇产科、耳科、鼻科、咽喉科等。专业医生包括四名中国医生和三名美国医生。

毓璜顶医院地理位置优越，向北可以俯瞰美丽的烟台港口，向南则是一片开阔的山间平地。仅仅在其主楼的后面，就有一座发电厂，为医院提供热力，医院还开凿有两口深达200英尺的水井，为医院提供充足的纯净用水。医院所产生的污水也有专门建立的现代化净化设施进行处理，每天的处理能力是5,000加仑。

此外，毓璜顶医院里还有一个重要的部门，这是一所护士训练学校，创立于1914年，当时有11名中国男女学生。在最初，学校只接受寡妇和成年男子进校学习护理，但是后来，只要完成了8年普通学校教育的男女学生都可以入校就读。但是现在，只有那些学习成绩优异的高级中学毕业生才有资格被录取。在1918年，学校成为中华护理学会会员学校。只有那些全部完成了学校规定课程的学生，才能拿到医院的任职资格证书。学校规定的训练课程，包括在课堂的讲授，和在老师的监督下，在病房、手术室、食堂和门诊科室等部门的实习两部分。护理工作分为夜班和日班。现在，学校的教工和学生包括两位美国护士长(其中一名属于兼职)、一名中国指导教师、7名已经毕业的中国护士和27名依然在校学习的学生。在中华护理学会指导监督下,自1926年第一届毕业生毕业后,已有56名学生从医院和中华护理学会拿到了文凭和任职资格证书。

毓璜顶医院在治疗过程中,始终坚持高标准的卫生和整洁要求,其所使用的规范和标准,完全遵照和执行在美国所认可使用的规范和标准,在社会上有良好的声誉。也正因为如此,根据医院所提供的数据,医院的运营成本相对就有点偏高,为了保证高标准的要求,在1915年,每张病床每天需要3.30墨洋,在1934年,每张病床每天也需要2.37墨洋,这些费用,基本能够保证尽最大可能地用来给病人提供舒适、卫生的条件,包括温暖通风的病房、浴盆热水洗澡、经常更换清洁的床单、舒适的病床、干净可口的饮食和热心周到专业的护理。

▶ 毓璜顶医院

▶ 毓璜顶医院的手术室

▶ 毓璜顶医院医护人员合影

市立烟台医院

在1931年之前，烟台地方政府并没有设立针对其工作人员的医疗服务机构。在负有责任心的烟台特区行政专员张奎文先生的倡议下，逐渐认识到了建立一所市立医院的必要性。今天，位于海岸路的这所市立烟台医院，就是这一倡议的产物。在市立医院创建之初，规模非常有限，但在今天，除了一些危重手术，其设备还是可以满足治疗需要的。

▶ 市立烟台医院医护人员合影

▶ 市立烟台医院

市立烟台医院现有病床18张，但如果有紧急情况，还可以增加12张病床。

市立烟台医院的患者对象，并不仅仅局限于政府工作人员，其他组织机构中的中国人，也可以象征性缴纳一点费用后得到治疗。但对于政府部门工作人员，则享受免费医疗的待遇，除非因为某些特殊治疗而费用异常昂贵。因为收费低廉，方圆100英里范围的许多中国人都来这里接受治疗。有些时候，如果患者的确家境贫寒没钱医治，医院也提供免费服务。

▶ 现任市立烟台医院院长李医生

在市立烟台医院，最有特色的治疗项目，也许就是戒毒治疗，就是帮助患者戒除鸦片毒瘾。在这里，一名瘾君子只需要支付10墨洋，就可以帮助他们戒除这种令人堕落的恶习。治疗效果可靠，并且可以保证不再复发。

目前，市立烟台医院还无法实现自立运行，每年还需要从当地政府取得1万墨洋作为补充经费，才能保证运转。

通常情况下，市立烟台医院每天能接待35名门诊患者，所收治入院的病人每月超过50人。医护人员包括4名具有任职资格的大夫和5名护士。

李医生（Dr. Y. H. Lee），现任市立烟台医院院长，自医院成立，他就担任这一职位，48岁，北京人。他1920年毕业于北京联合医药大学。在来到烟台之前，曾在北京的军队担任军医多年。除了完成他的医院院长职责之外，李医生还非常关注烟台的社会公共卫生健康，经常被安排对在烟台市面出售的中医药品做分析检验，如果从中检验出含有毒品成分，政府将禁止其销售。同时，作为当地政府的卫生安全部门官员，他还负责对所有准备出国旅游的中国人进行出国健康检查，在护照上签发健康证明。当烟台海关的卫生检查官员不在烟台时，他还经常被邀请为他们提供帮助。李医生已经结婚，有5个孩子。

毓璜顶幼稚园

毓璜顶幼稚园（又称西山幼稚园）是在烟台建立的第一所幼儿园，这是在30年以前，也是由美国长老会传教团成员郭显德牧师的夫人苏紫兰女士创建。现在的主体建筑，是在1912年得到苏紫兰女士的美国朋友资助后重修，幼稚园每一学期可以容纳60到70名儿童入园。在1919年，毓璜顶幼稚园还附设了一所幼稚师范学校。几年之后，这个幼稚师范学校脱离毓璜顶幼稚园独立，但现在，已经成为烟台真光中学的一部分。目前，这个幼稚师范学校有29名学生，规定每一名学生每天都必须有一小时在毓璜顶幼稚园实习。自从这所幼稚师范学校创办以来，已有36名学生毕业，现在他们在中国各地从事幼儿教育工作。

现在在烟台还有5所幼稚园，分别隶属于烟台基督教女青年会、养正学校、彭城小学、信义小学（毓璜顶）、崇德女校（天主教会）。

▶ 烟台是中国为数不多的现在还没有建立城市供水系统的港口城市之一，这幅照片反映的是，一位车夫正从他的拉着木桶的木轮车上盛水以卖给他的顾客

从1911年开始,梅苏善(E. Eames)女士就在毓璜顶幼稚园中工作,将她大部分的生命都奉献给了这项事业。她是美国纽约哥伦比亚大学师范学院的毕业生,她极具同情心,全身心地投入到需要她提供帮助的地方,在她所投身的工作中取得了骄人的成绩。

▶ 毓璜顶幼稚园的孩子们正高兴地在温暖的阳光下玩耍,后面站立的,是他们的老师

罗马天主教会传教团

天主教传教团在烟台的活动,是与首先建立的三个女修道院密切联系在一起的,这三个女修道院是:圣方济各修女院(St. Francois)、圣赛巴斯谦修女院(St. Scbastien)、圣安多尼修女院(St. Antoine),它们都由天主教圣方济各会的姐妹会管理,这一组织第一次进入中国是在1886年。

这些女修道院都开办有一些医院、学校、诊所、工厂等社会福利机构,主要为中国女童和妇女提供帮助。特别是圣安多尼修女院,还做了一件非常有意义的工作,就是在烟台西山上,建造了一所麻风病院。

这所为麻风病患者修建的避难所,创建于1906年,当时只收治了三名病人。随着这件神圣光荣的工作逐渐被人们所熟知,收治的病人数量不断增加,有一段时间,有多达35名麻风病患者同时在这里接受治疗。现在,这里仅有23名患者,其中有一些患者被允许可以定期回家探望,但是在冬天,这些麻风病患者必须回到医院。医院治疗麻风病患者的手段,也是采用了目前最现代化的技术和措施。

对于圣赛巴斯谦修女院来说,一件非常有意义的工作成绩,就是现在的崇德女子中学,在这所学校,除了通常的教学课程外,还各开设了一所小学和幼稚园。这所学校在中国人中很有影响,主要原因是因为学费低廉,现在在校学生规模大约有300名,包括男生和女生。虽然这所学校是由天主教传教团支持赞助的,但是学校的教职工都是中国人。

圣方济各修女院开办有一所专门招收外国女孩的学校，其中的大部分女孩都来自中国的四面八方，她们之所以被送到这里，是因为在这可以接受到良好教育，学校所提供的条件和设施都是非常先进的。在这里，来自不同国家和不同宗教派别背景的女孩子们，被安排在一起上课。学校位置优越，可以俯瞰美丽的烟台海湾，学校安排有多种形式的活动，其中，在海水中游泳可能最受同学们的欢迎。在暑假期间，当大部分学生都回到各自的家庭以后，来自中国其他地区学校的女孩子，被容许在支付象征性的一点费用后，可以分享学校众多的先进设备和美丽的环境。

▶ 集贸市场在中国许多地区都普遍存在，光顾这里的客人主要是穷人阶层

▶ 圣赛巴斯谦修女院中的中国女孩

▶ 圣方济各修女院中的教师和学生

▶ 麻风病人

烟台的浸信会传教团

浸信会（也称为美国南方浸信会）传教团，进入烟台开展活动始于 1858 年，霍姆斯牧师（J. L. Holmes）是当时最早来到这里的该教派代表。同时，他也被认为是最早来到烟台的新教传教士。

霍姆斯牧师在他初次来到这里时，遇到了许多困难。首先，他无法找到一个安全的地方居住，以至在停靠港口的一条小船上居住了好几个月后，他终于成功地在西炮台附近的珠玑村中找到了一个地方作为他的居所。在 1861 年，当他试

图去劝说太平天国的军队停止对珠玑和烟台的劫掠时[1]，被太平军杀害。此后，

▶ 南方浸信会传教士合影

为了纪念他，珠玑村的村民为他修建了一座纪念碑，现在依然屹立在那里。因为在当时，外国人的遗体被禁止在陆地埋葬，因此，他就被安葬在与烟台海湾隔海相望的崆峒岛上。

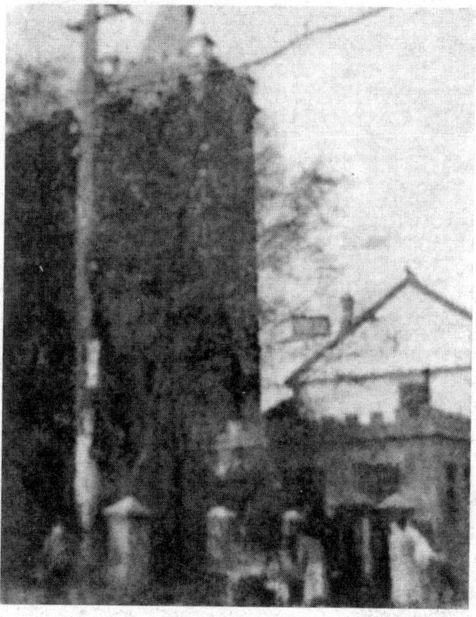

▶ 霍姆斯浸信会教堂

霍姆斯牧师去世之后，浸信会传教团中止了它在烟台的活动，直到1906年，才有一位从中国其他地方来的中国浸信会信徒来到烟台，重新开始浸信会的活动。霍姆斯浸信会教堂位于烟台大马路和十字街交汇口，现在会员超过800名。浸信会传教团还分别建立了一所男童学校和女童学校[2]，入校学生共计有500名左右。

浸信会传教团的活动非常活跃，涵盖很多方面，现在，可以说是其历史上发展最为辉煌的时期。

---

① 此处应是指捻军。

② 即焕文学校和卫灵女校。

美国长老会传教团

美国长老会传教团在烟台开展活动，很大程度上，是从郭显德牧师自1864年1月来到烟台后才开始的。在他来到这里之前，美国长老会海外传教团在烟台的代表是麦嘉缔(Dr. D. B. McCartee, M. D.)，但是从目前所看到的资料来看，在1865年，由于对在烟台的传教活动缺乏信心，麦嘉缔就已经离开烟台前往宁波了。

▶ 21年前的毓璜顶

郭显德牧师是一个非常优秀的传教士。年复一年，他的足迹踏遍了这里的山山水水，经常是一连三四个月离开烟台在乡村传教。并且在其初期，他就意识到创办一系列社会福利机构的必要性，因此，在1866年，他就在烟台创办了长老会的第一所学校。同年一月，他在烟台同乐街建立了一所教堂，此后多年来，这所教堂被称为郭显德长老会教堂，同时还是座博物馆，直到现在，依然是长老会在当地的总堂和宣教中心。

▶ 郭显德牧师

长老会传教团现在在烟台的活动中心，坐落在毓璜顶地区。郭显德牧师本人就曾住在这里，在他的居所附近，慢慢也吸引了不少其他传教士开始建房居住，也建造了一些公共设施，这样逐渐开始形成了一个小聚落。

▶ 美国长老会传教士合影

在1867年,长老会只花费了大约600美元,在毓璜顶建造了第一座教堂。教堂的建筑规模有45英尺长,20英尺宽,15英尺高,大约能容纳200人。15年以后,大量信徒聚集在一起,为教堂扩建捐款,于是在旁边又建造了一座钟楼,至今这座钟楼还一直屹立在那里。此后,教堂又得到了进一步的扩建,在1903年,花费了2万美元捐款后,将这座教堂进行了重建,这就是我们现在所看到的教堂。除毓璜顶之外,在烟台城区的其他地方,在长老会毓璜顶教堂的影响和指导下,也陆续建立了另外一些教堂和教徒团体,它们也都以长老会毓璜顶教堂为总部和中心。

▶ 25年前烟台街头所使用的黄包车

此外,郭显德牧师还对烟台教区的医疗卫生事业做出了巨大的贡献。在他的劝说之下,希尔思博士(Dr. O. F. Hills)在1907年加入了长老会传教团,并创建了毓璜顶医院。

在整个长老会活动的早期,教会所组织的圣经学习班和各类学校,总体上来说,还算是比较稳定的,但进展并不大,这项工作的突破性进展,是在爱道女子教会学校建立之后。长老会传教团从事的另一项重要的社会文化事业就是建立了专门接收耳聋儿童的烟台启喑学校，就坐落在郭显德路上。

概括来讲，在毓璜顶地区，现在除了教堂之外，与长老会传教团有关系的机构，还有毓璜顶幼稚园、毓璜顶幼稚师范学校（后来并入真光女子学校）、信义小学、真光女子学校、爱道女子教会学校、益文商业专科学校、毓璜顶医院和护士学校等。

烟台唯一一座专门放映外国电影的电影院

中国内地会

中国内地会传教团在山东的活动，从地域上说，几乎完全集中在烟台，具体活动，则又集中在创办学校和安养院两个方面。

在1879年春天，内地会成员戴德生（Hudson Taylor）先生游历烟台之后，对这里优越的自然条件，以及由此对自己身体恢复的帮助，留下了极其深刻的影响，于是在其返回后，向其他内地会成员大力推荐，如果将烟台作为一个疗养胜地的种种好处。此后又有其他内地会成员来烟台度假，依然有这样的明显感觉，于是这就促成了内地会在这里专门为自己成员建立了一所疗养院，同时为了满足他们进行宗教活动仪式的要求，也建立了一座专门的宗教建筑。直到现在，大约有100名内地会传教士来这里进行过疗养。在这些传教士中间，只有很少的部分的确是因为身体原因来此疗养的，有一部分，是在中国其他地区工作的内地会传教士来此作短期的度假，还有一部分，则是在教会学校放暑假期间，专门抽出几周时间来此与他们的孩子团聚。

▶ 中国内地会子女学校教职员工合影

▶ 中国内地会子女学校男生及其老师合影

烟台的中国内地会子女学校,又称为芝罘学校,最初的创办是非常随意的。在1880年,出身于学校教育者的埃利斯顿(Elliston)先生开始为中国内地会传教士捷德(Judd)先生的孩子们教授一些课程(这些孩子中的其中一位,即小捷德先生,现在就是这所学校的校医)。这时,其他一些中国内地会传教士便恳求埃利斯顿先生也能同时教授他们的孩子,这样,这些学生就形成了学校的雏形。两年以后,逐渐成为一所混合年级的全日制学校,并且规模也逐渐扩大,陆续有中国内地会传教士子女加入。到了1883年,学校盖起了一座教学楼,男女学生都从各自家中,搬到这里集中生活,一起在这里上课。到了1885年,男生、女生开始独立设校授课,也从此开始,学校的组织机构逐渐完善。在1895年,在毓璜顶以西约1英里的通伸村,正式设立了一个专门针对十岁以下男女儿童的预备学校,同时,这些房屋及土地,也正式成为苏格兰内地会传教团所有。但是在一定程度上,这个地方相对比较偏僻,作为一个学校不是非常合适,于是在1900年,内地会传教团又购买了烟台的家庭饭店(the Family Hotel),在重新改造后,成为一座非常适合作为学校的建筑。

▶ 中国内地会子女学校男校

▶ 中国内地会子女学校女校

中国内地会子女学校,其最主要的目的是吸收在中国的苏格兰内地会传教士子女入学,并不接受中国人和其他外国人子女入学。这不是一个对外公开的学校,即使因为一些特殊的原因,有极其个别的非内地会传教士子女在学校就读,也不在乎需要他们交纳学费来支持学校。在这所学校中的所有工作人员,包括老师和看护人员,都是内地会传教团成员,他们都有义务为内地会传教团提供必要的服务，在或长或短的时间里，心甘情愿地从事这项工作。

学校规定，男孩超过 16 岁、女孩超过 17 岁，就必须要离开学校，因为传教团认为，从这时起，父母就要为孩子们的继续教育担负起完全的责任。

此外，内地会传教团还设立了一所医院，主要目的也是为传教士和孩子们看病，同时，医院还设有一个隔离起来的传染病区。

▶ 中国内地会医院

▶ 中国内地会疗养院

现在，中国内地会子女学校有超过 300 名的孩子和工作人员，他们形成了一个特别的组织，在这一个大院中，有自己的面包房、洗衣店、冷饮店、木工房等等。最近,学校因为新增加了两栋建筑,规模得到进一步扩大。学校的师资力量非常雄厚,其中包括多名剑桥、牛津等大学毕业的学生,从而保证了高水平的教学质量,从初级证书一直可以达到牛津学校的毕业证书标准。学校依然重视体育和游戏课程,如果没有参加过在烟台所举办过的各类运动活动,学校也不能给予登记相应课程成绩。学校宽敞的操场上经常有儒雅礼貌的成年人在玩板球或足球,偶尔还举行一些比赛。当有英国轮船或其他国家的轮船来到烟台时,港口的工作人员和轮船上的船员经常会在这里举行一场友谊比赛。

菲尔斯(Arthur H. Faers)牧师,1887 年作为中国内地会传教团成员来到中国。在他长期在烟台生活期间,为改善和提高城市的各项福利条件做出了卓越贡献。有一段时间,他还是烟台工业合作社主席、烟台墓地协会名誉主席和主管,多年来一直担任烟台外国公会的名誉主席,参与烟台第一区的公共事务管理长达21年时间,在这期间,参与了许多诸如马路修建、铁桥修造、电力供应等改善烟台基础设施条件的工作。

麦卡锡(McCarthy)先生 1887 年加入中国内地会传教团,1895 年被任命为中国内地会子女学校男校校长。他在这一位置一直工作到 1930 年。许许多多来往于中国海岸城市及其他地区的人士都对他有深刻的影响,正是由于他的努力,才使中国内地会子女学校从最初的名不见经传,一跃而成为东方最著名的学校之一。麦卡锡先生拥有丰富的学识和多方面的才能,在这方面几乎没有哪一个人能和他相比,现在,在烟台的教育界,依然对他充满尊敬。

▶ 前烟台外国公会名誉主席菲尔斯牧师

布鲁斯(P. A. Bruse)先生,英国皇家地理学会会员(F. R. G. S.),现任中国内地会子女学校男校校长,出生于英国西南部格洛斯特郡坎普登(Campden)的诺顿庄园(Norton Hall),是当地最高行政长官的儿子。他从切尔滕纳姆学院(Cheltenham College)毕业后,又进入著名的剑桥大学三一学院(the Trinity College of Cambridge),1910 年他在那儿拿到了他的硕士学位。1911 年秋天,他作为中国内地会传教团的荣誉成员来到中国,在学习了一段时间的语言之后,被安排前往四川东北部地区,在那,他首先开始学习语言和宣传福音的工作,同时也在当地的教会学校帮助教育中国男学生,后来他被任命为这所学校的校长。在1921年休假期间,它通过了伦敦大学(the University of London)的教师资格证书考试,在1922年他结束休假回到中国后,继续在四川工作。在那,他还担任整个当地教会学校总督导的职务。1926年,因为政治原因,布鲁斯先生被禁止在四川活动,也不允许他再次回到四川,于是,他带着妻子和孩子来到烟台。当时他依然在烟台的学校教书。1927年,布鲁斯先生再次回到英国,在那里被任命为烟台这座中国内地会子女学校男校校长,自1930年春天开始,他就接替麦卡锡先生担任这一职务直到现在。

▶ 前中国内地会子女学校男校校长麦卡锡先生及夫人

▶ 中国内地会子女学校男校校长布鲁斯先生

▶ 中国内地会子女学校校医捷德医生

捷德医生是最早进入中国内地会子女学校就读的男学生之一,他的父亲是中国内地会传教团的早期成员之一，1868 年就来到了中国，1879 年来到烟台。从学校毕业后，捷德先生直接进入剑桥大学深造，学习医学，获得医生行业资格。1896 年，他来到中国江西省，在那儿工作很长时间。直到 1923 年，因为麦卡锡先生的身体健康原因，捷德先生被临时任命负责中国内地会子女学校男校的工作，从此直到 1926 年，就再没有回去，一直在烟台工作。在 1932 年，捷德先生被任命为中国内地会子女学校校医，直到现在。

▶ 中国内地会子女学校女校校长罗斯小姐

罗斯(Rice)小姐，出生于英国沃里克郡临近埃文河的斯特拉特福德(这是莎士比亚的故乡)，她在这里的一所私立学校"沃尔萨姆之家"接受了初级教育，后来，她又作为一名老师回到这里。1905 年，罗斯小姐进入伦敦迈德美修女学校(the Mildmay Deaconess House)，成为中国内地会传教团成员，在那一直工作到 1909 年。在来到中国后，最初她在四川东部地区工作，负责当地中国内地会教育和传教活动。在 1927 年，她被任命来到烟台，负责中国内地会子女学校女校的工作。

▶ 中国内地会子女学校女学生在接受训练

▶ 为了纪念在世界大战中遇害的学校男同学所建立的纪念堂

美国海军基督教青年会

在七十多年以前,当美国政府刚刚从内战的创伤中得到恢复,设在烟台的美国领事馆就强烈建议,华盛顿当局应该在烟台建立美国海军基地。这一文件在1866年就送达了美国政府,在这份文件中宣称,烟台具有极其重要的战略地位,同时,从气候条件来说,烟台优于任何一座中国港口城市。在毓璜顶的国际墓地中,有一块历史久远的墓碑,上面的铭文是:"为了纪念威廉·墨菲(William Murphy)先生,去世于1874年10月8日,享年28岁,他的战友,美国海军帕洛斯号战舰(Palos)战友立碑。"

这一墓碑所记载的,正是在1874年,美国海军舰队前来烟台的历史事件。在第一次世界大战之前,美国海军亚洲舰队以烟台作为夏季机动演习目的地,已经持续了很多年。在这些年中,在烟台社会上形成了一些组织,专门为美国海军亚洲舰队水兵在上岸后提供服务。从1914年到1919年,美国海军亚洲舰队每年都造访烟台。在1920年,来到烟台的美国海军亚洲舰队规模比以前任何一年更大,但烟台并没有为他们提供丰富的物资供应和热情的接待。这种很不令人满意的现状引起了海军舰队当局、美国领事馆,以及那些为美国舰队供应物资的人士的高度重视,立即采取措施加以改进。在1921年春天,德宾(Durbin)先生,当时是美国海军基督教青年会的负责人,以及艾利斯(Ellis)先生,在一些当地中国人的帮助之下,开始在烟台开展工作。首先,他们劝说一家靠近码头的煤炭公司,在他们的货场清理出一个角落,同时租用了附近他们的一间旧仓库。就这样,以此为基础,开始了烟台美国海军基督教青年会(Navy Y M. C. A.)的工作,14 年来,他们办公的场所依然还在那里,没有发生变化。烟台美国海军基督教青年会整个经费来源于美国,这个机构成立之后,自己也购置了所使用的土地和办公大楼。

烟台美国海军基督教青年会几乎垄断性地负责为美国海军亚洲舰队在烟台期间提供生活给养,虽然也许对其他国家的服务人员来讲,这也的确有一定的优势。烟台美国海军基督教青年会对于其成员不收取费用,只要他们遵守一定的制度和纪律,其中的设施和活动,对服务人员全部免费开放。

在 1928 年到 1929 年,烟台美国海军基督教青年会为了修建一座新的大楼,在挖掘地基时,发现了一段过去的防波堤,这使我们联想到,现在在这片"Y"形状的地区,曾经是用来作为船只庇护所的一个内港。就在现在人们打网球的这一地点,在多年以前的某个夏天的夜晚,成百上千的人们也许正舒服地坐在有明亮月光的天空下,欣赏着这一美景,中国人的船只,静静地停泊在港口,不用担心台风的破坏,更不用害怕海盗的劫掠。

中华圣公会

中华圣公会(the Society for the Propagation of the Gospel),也称为广传福音会、安立甘会,其在山东的活动始自 1874 年 10 月 3 日,史嘉乐(Charles Perry Scott)和林披基(Miles Greenwood)两位牧师到达烟台开始。史嘉乐牧师此后成为在华北教区活动的第一位英国教会主教。中华圣公会在烟台保留有一位英国牧师,以便负责满足外国侨民社区的需求,他的津贴一部分由中华圣公会来负责,一部分则由外国社区教众来提供。随着时间的推移,他们也为中国信徒提供一些服务,但是,由于中华圣公会教堂牧师都要由总部来任命,他对中国语言的掌握就非常有限,甚至完全不懂,因此为中国信徒提供服务的工作也基本已经停止,虽然有越来越多会讲英语的中国人也加入了这个组织,甚至现在就有两个中国人还参与教堂的日常运转工作,一个人负责教堂的经费账目,一个人负责仓库管理。

中华圣公会在烟台有两个教堂,一座是圣安德鲁(St. Andrew)教堂,靠近芝罘俱乐部,在外国侨民区的西端,另一座是圣彼得(St. Peter)教堂,在东海岸路东端,天主教烟台教区主教府附近。圣安德鲁教堂是由马蒂(H. Matthews)牧师负责建设的,由史嘉乐主教在1895年举行仪式启用,在1899年,又为圣安德鲁教堂增加了钟楼和法衣室等。圣彼得教堂建造时间较早,于1883年完工,并于当年6月启用。

▶ 圣安德鲁教堂

中华圣公会除了在圣安德鲁教堂和圣彼得教堂从事宗教活动外,每隔一个星期天,都要在位于领事山(烟台山)的联合教堂(the Union Church)用英语举行一次大礼拜活动,联合教堂就在领事山的英国领事馆下面。在最初期,联合教堂在现在的海关防波堤附近,现在那里是一个煤码头。现在的联合教堂建于1875年,这个地方最早在1865年被买下来后,就建有一个小教堂,但在1872年坍塌了,现在的联合教堂就是在其原址上建造的。在建造圣彼得教堂之前,中华圣公会就曾经将联合教堂借用过1个月时间,在当时的协议中就有这么一条条款,联合教堂要为中华圣公会的活动提供方便。但是后来随着圣安德鲁教堂和圣彼得教堂的完工,所谓"联合教堂要为中华圣公会的活动提供方便"的协议实质上就取消了,联合教堂现在反倒由不属于中华圣公会成员的外国基督教徒和除去圣公会以外的各个基督教传教团所使用。联合教堂没有固定的本堂牧师,教堂日常的管理由一个5人委员会负责,这个委员会的秘书,负责决定邀请某位牧师来主持星期天礼拜。

益文商业专科学校

益文商业专科学校是在美国长老会传教团的资助下创办的一所学校。益文商业专科学校是由两个学校联合而成，这两所学校是郭显德学院（the Hunter Corbett）[①]、毓璜顶英语学校（the Temple Hill English School）[②]，两校的合并是在1930年[③]。郭显德学院是由传教士郭显德牧师于1865年创立的，当时是其到达中国传教三年之后。毓璜顶英语学校则创办于1897年，也是由长老会山东传教团创办的。

在最初时间，学校遇到了非常大的困难，就像几乎所有外国传教团体在初到中国时所遇到的问题一样。刚开始的时候，学校只有三名学生，在招生四年之后，也仅仅只有19名在校学生。

但是到了现在，益文商业专科学校已经成为在整个中国都闻名的学校，在校学生人数达到好几百名。

在1929年，益文商业专科学校在新任校长罗希椴的领导下，开始了一次全新的改革和重建，学校所教授的课程设置必须符合政府的相关规定和要求，同时实行九年制课程设置。

▶ 益文商业专科学校现任校长林求源

益文商业专科学校的管理权由学校董事会负责，学校董事会成员的选择是由以下几方面代表所组成的，三名来自在中国的基督教山东长老会教务评议会的代表，三名来自美国长老会烟台教区传教团的代表，三名来自益文商业专科学校校友联合会的代表，一名来自烟台基督教总会的代表，两名具有很大影响的当地中国士绅。

① 郭显德学院，即会文学校，由文先、会英两所小学合并而成。

② 毓璜顶英语学校，即实益学馆，以学习英文、培养实用人才为主。

③ 两校合并的时间，不是1930年，而是1920年，此处乃作者原文错误。

▶ 益文商业专科学校教职员工合影

▶ 益文商业专科学校乐队，清一色由俄国男孩子组成

▶ 益文商业专科学校组织的众多学生团体之一童子军，孩子们在这里为将来的成才得到良好的训练

益文商业专科学校所培养出的学生，有很多服务于华北和华中地区的商业和工业企业中，对当地经济社会发展做出了突出的贡献。有少量学校的毕业生在政界也有良好表现。

毕维廉(William C. Booth)先生，在他25岁时就来到了中国，当时，他刚刚从美国伊利诺斯州依文斯顿的西北大学毕业，在此后的32年来，他一直在烟台度过，将整个身心投入到长老会传教团的教育事业中。

▶ 益文商业专科学校前任校长毕维廉先生

1904年，毕维廉先生被任命为刚刚建立的毓璜顶英语学校校长，他担任这一职务一直到毓璜顶英语学校与会文学校在1920年合并，并在此后继续担任合并后的益文学校校长。在1928年，由于益文学校规模进一步扩大，新增加了一些商业课程，学校更名为益文商业专科学校，毕维廉先生依然担任校长。在1929年，根据长老会传教团的意见，传教团要逐渐从教育机构中弱化管理权与控制权的政策，他不再担任校长职务，但依然是学校的一名老师，将他的主要精力放在教授一些商业课程和指导校友促进会的工作上。

▶ 在毕维廉先生来烟台工作30年后，他即将返回美国之前，一个隆重的送行仪式。在图中我们可以看到，毕维廉先生坐在那里，手里拿着一把精致漂亮的张开的大伞，这是非常合适的一件手工制作的礼物(就是所谓的“万民伞”)，在他周围的这些人，都是他以前的学生

▶ 每年的5月30日，是居住在烟台的美国人的节日，这也是美国的法定节日之一——阵亡将士纪念日，在图中可以看到，正在烟台驻扎消暑度假的美国海军官兵也加入到这一纪念活动中

对于后面这一项工作，是因为他长期以来，与已经毕业的学生保持着密切的联系，也与在华北地区的外国公司有一定联系，非常自然，对于这一工作来说，他是最合适的人选。毕维廉先生在这么多年来，将自己的身心完全投入到这所学校

中，见证了这所学校的发展，也是这所学校的核心人物。他不但创立了这所学校，同时通过他的努力，学校不断得到壮大，校园扩大了，校舍建起来了，设备和仪器得到装备。在1933年到1934年间，恰逢毕维廉先生来校从教30周年，益文商业专科学校校友会成员发起募捐活动，用捐款建造了一座新校舍，为了纪念毕维廉先生的功绩，这座新的建筑起名为“维廉楼”。之所以采取这种表达形式，是为了充分显示毕维廉先生长期以来对学校的贡献，他所应该得到的崇高敬意和充分尊重。

结　束　语

中国现在已经被唤醒了，正处于工业和商业迅猛发展的起跑阶段，这一迅猛发展的最终结果，已经在世界其他一些地方得到目睹。勤劳的中国人民，拥有巨大的面对困难的承受能力，以及令人叹为观止的智慧、美好的理想、务实的态度和求真的精神，只是依然缺乏有效率的组织机构。他们代表了世界四分之一的人口，而在亚洲，这一数量超过了全部人口的一半，同时，他们也控制着、拥有着巨大的财富和自然资源。假如有朝一日，他们也拥有充分的现代文明和高效的组织机构，在西方国家的帮助之下，中国将在商业和工业的发展上必然取得极其巨大的成就。

五十年以前，在中国每开掘一处矿山，或者铺设一里铁路，都必然将导致以违反传统信仰为理由，受到那些依然保持守旧观念国民的批评和反对，从而使得这些事业的正常开展几乎没有可能。但是在今天，中国已经拥有了成千上万公里的铁路线路，同时还有许多正在建设之中，整个全国的国民都已经充分认识到了铁路的价值，也都热切地期待着能有更多的铁路通车。当然，中国也的确需要再建设几万公里的铁路来开发它的自然资源，其中在山东省，这一愿望尤其迫切。例如，就烟台的贸易来讲，就已经受到了因缺失铁路运输能力的致命打击，除非规划中的烟台至潍县铁路能够很快开工建设，否则，烟台的贸易活动将无法得到发展，政府也无法扩大在烟台的税收。

低廉的劳动力价格资源、巨大的现代工业化发展的潜力、拥有丰富的铁矿和煤矿资源等等这些优势，中国将必然逐渐发展成为一个巨大的工业化国家。

中国人民已经充分意识到现代化机器生产和科学研究的巨大价值，并且正在努力做着准备，一旦条件允许，他们就会抛弃原始的、传统的观念，将中国也发展成为一个现代化的工业强国。

无论你现在从哪个方向来到中国，你一定会在这里发现众多的工业化发展的机会，现代化教育的开办开阔了他们的视野，也使得现代工业化成为可能。凭借着所拥有的丰富自然资源、廉价的劳动力、工业化过程中巨大的财富创造，中国必将提供更好的工业化发展的机会和条件，特别在制造业领域，在中国投资，相比于在世界其他任何地区投资，一定会为投资者提供更丰厚的回报。

中国农业的发展，将对中国实现现代工业化有着非常重要的作用，因为在一定意义上，国家的繁荣很大程度上取决于农业的进步，农业的发展相关联着其他各项事业的发展。

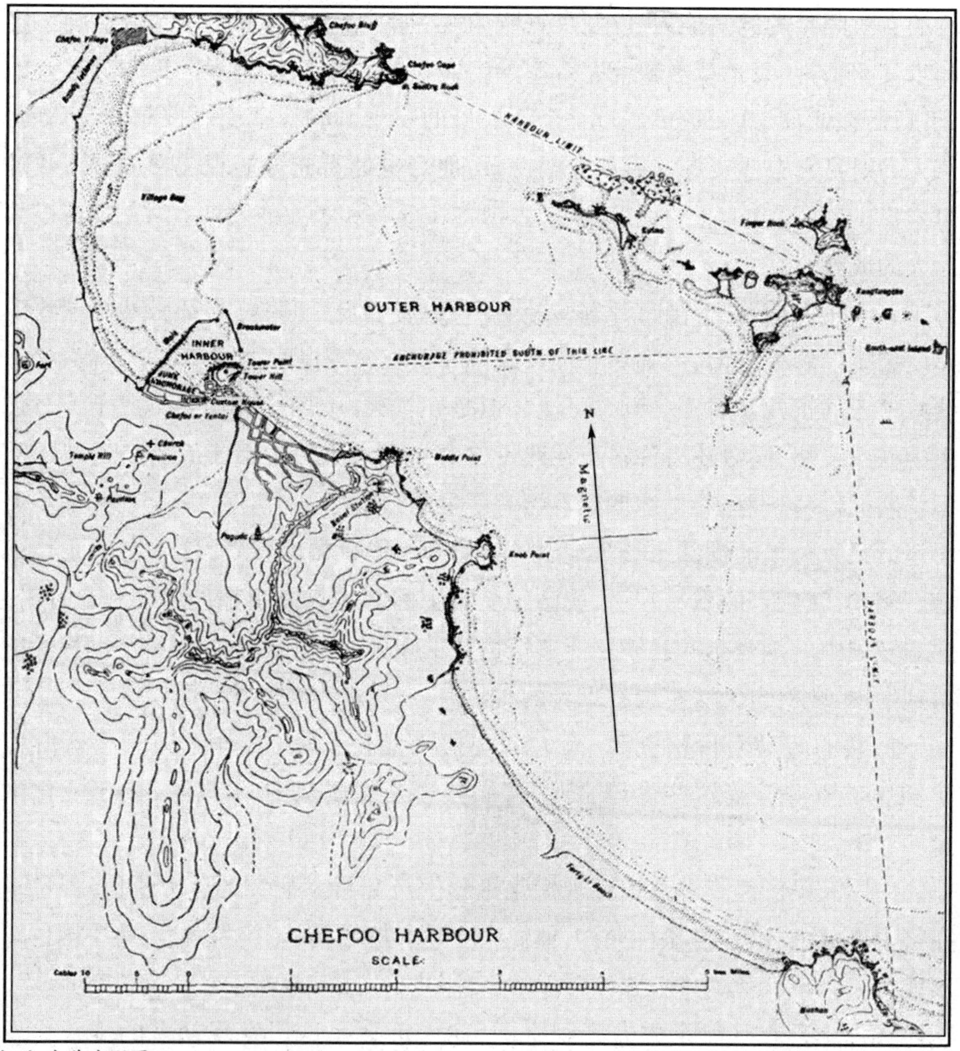

▶ 烟台港地形图

现在的中国，非常注意吸收西方的先进思想和现代工业化的成果，整个国家正处在大发展的起跑线上，这一明显趋势超过了它过去历史上的任何时期。

▶ 烟台港挡浪坝

▶ 当地人停泊在港口的帆船，构成了一幅美丽的风景

中国需要努力来改革它的流通制度、建设铁路系统、开发矿产资源、规划城市建设，以及建立有效的管理系统，为它的人民提供更多的在从事工业和商业领域发展的机会，要有一系列保护个人凭借合法劳动而获得财富的制度，以及提供大众接受公共学校教育的机会，这对于开启人民视野、培养公共意识都是非常必要的。直到现在为止，烟台，作为中国较为进步的地区之一，正在向着这一方向发展。

最后，作为这部书的结尾，希望通过对本书前面所描述的，关于烟台各个方面内容和特点的认真阅读，能够引导读者得出这一同样的结论。

▶ 当地的车轿

译 者 后 记

虽然我们常说，有些历史是不该轻易忘却的，但实际上，历史有时却是极易忘却的。1935—1936 年间的烟台历史，既普通，也特别，说它普通，是因为它只是烟台历史长河中的一个片断，一个浪花，而说它特殊，则是处于抗战全面爆发、烟台陷入日本占领的前夜；更重要的是，作为近代史上北方最早开埠的城市，最早沐浴了西方资本主义文明，孕育了中国最早的民族工业，经过 70 余年的沧桑，已呈现出夕阳西下的景象，逐渐风光不再。

今天，历史已进入 21 世纪，又一个 70 余年过去了，对于那一段峥嵘岁月烟台的政治经济、文化娱乐、社会百态，我们目前还有多少记忆呢？或者，我们为什么需要记忆呢？一个城市要有文化，要有文化品位、文化厚度，首先要清楚自己的历史文化，历史绝对不是包袱，而应该是一种宝贵资源，是建设新文化，特别是建设特色文化的根基。烟台实际上是一座年轻的城市，就城市意义来说，没有开埠，就没有烟台，这一特点在中国近代北方城市中几乎是唯一的，有点类似于南方的香港。

一次偶然的机会，我接触到目前呈现在读者面前的这部由阿美德编纂的《图说烟台 1935—1936》英文原著，立即就被书中所描写的近代烟台所吸引。作者生平无从考证，作品出版于何处也没有线索，甚至连出版社都没有。原著的中文题目称作《烟台通志》，其实本书在体例上也并不是古代中国传统史书编纂中的通志体，而更像是一本插图版简约城市小百科，或者城市简介、城市指南之类。本书写作的目的，在作者序言中讲得非常明白，是提供给来烟台旅游或经商外国人的一本介绍烟台有关情况的参考书，所以在本书中可以看出重点介绍了和外国人有关，或者可能外国人更感兴趣的方面。需要说明的是，从书中可以看出，作者并不是学者专家，也似乎不是一位常驻烟台的“坐地户”，而是更像一名靠“爬格子”吃饭的自由撰稿人，所以依作者而言，虽然本书最后还经过烟台中国商会的审定，但错误依然不少，其中多处错误，仅仅用疏忽做为理由是解释不过去的。虽然如此，本书仍有它的难能可贵之处，作者将1935—1936年的烟台作为一个历史横断面，几乎包罗万象、图文并茂、真实具体、生动形象、内容丰富地介绍了当时烟台社会生活的方方面面，给我们描绘了一个活灵活现、有血有肉的烟台社会生活史。这部书也像是一幅画，一幅1935—1936年烟台社会生活的生动图画，尽管不一定美丽，但真实、具体。这对于我们研究全面抗战前夜的烟台城市历史，具有非常重大的史料价值。至于原著中的某些错误，在注文中，译者作了一定更正。

如果我的估计不错，我和原著作者一样，都不是生于斯地的"坐地户"，但我又和原著作者一样，因为一种机缘，也因为这座美丽滨海城市的某种特质，让我对这座城市充满了感情，总希望能为这座城市做点什么。那么这部小书的翻译出版，希望能表达我的这一心愿。而实际上，书中所揭示的许多我们今天已不再熟知的烟台历史线索，也的确有很珍贵的史料价值。由于时代的关系，至于原著中作者的某些思想观点，现在我们需要予以客观辩证地看待，相信读者会有这个辨别和判断能力。只是为了最大限度尊重原著，完整给读者以原著完整真实的面貌，本人没有改动任何原著中的内容，甚至包括个别并不完全合适的图片位置；当然也有本书的名称，相比较于《烟台通志》，《图说烟台》应该更接近于 *Pictorial Chefoo* 英文书名的直译和原作者的本意。只是在不得不做说明的地方，译者以注释的方式做了部分说明。在翻译过程中，所涉及的相关具体内容，译者尽可能使之能与其他史料相比照。至于在翻译过程中的文字或知识错误，由于本人关注这一领域的时间短暂，积累缺乏，错误在所难免，还请读者批评改正。至于其中的责任，当然是应由我来承担的。

此外，在本书的翻译过程中，得到中共烟台市委宣传部、烟台市胶东文化研究会、鲁东大学胶东文化研究中心的大力支持。还要特别感谢烟台市档案局的赵海局长，在他的热情帮助下，才可以有条件看到原著并获取相关图片，也才可能有目前的译作。此外，烟台张裕葡萄酿酒公司、烟台市太古车行、烟台市三和数码彩扩冲印中心、烟台市图书馆、烟台市博物馆等单位对于本书的完成也提供了重要帮助，在此一并表示感谢。

译者

2007年10月

图书在版编目(CIP)数据

图说烟台:1935～1936／(英)阿美德著；陈海涛，刘惠琴译注.—济南：齐鲁书社，2007.11(2019.10重印)

ISBN 978-7-5333-1877-2

Ⅰ.①图… Ⅱ.①阿…②陈…③刘… Ⅲ.①烟台市—地方史—1935～1936—图解 Ⅳ.①K295.23-64

中国版本图书馆CIP数据核字(2007)第151501号

图说烟台(1935—1936)

［英］阿美德 著 陈海涛 刘惠琴 译注

主管单位	山东出版传媒股份有限公司
出版发行	齊魯書社
社　　址	济南市英雄山路189号
邮　　编	250002
网　　址	www.qlss.com.cn
电子邮箱	qilupress@126.com
营销中心	(0531)82098521　82098519
印　　刷	山东新华印务有限责任公司
开　　本	720mm×1020mm　1/16
印　　张	13
插　　页	2
字　　数	210千
版　　次	2007年11月第1版
印　　次	2019年10月第2次印刷
标准书号	ISBN 978-7-5333-1877-2
定　　价	**36.00元**